最令学生着迷的百科全景

人类历史上
100个伟大发现

张哲 编

APTIME
时代出版

时代出版传媒股份有限公司
安徽科学技术出版社

图书在版编目（CIP）数据

人类历史上 100 个伟大发现 / 张哲编. —合肥：安徽科学技术出版社，2012.11
（最令学生着迷的百科全景）
ISBN 978-7-5337-5511-9

Ⅰ. ①人… Ⅱ. ①张… Ⅲ. ①科学知识－青年读物 ②科学知识－少年读物 Ⅳ. ①Z228.2

中国版本图书馆 CIP 数据核字（2012）第 050329 号

最令学生着迷的百科全景

人类历史上 100 个伟大发现 ■■■

人类历史上 100 个伟大发现	张哲　编

出版人：黄和平　　　　责任编辑：吴　夙　　　　封面设计：李　婷
出版发行：时代出版传媒股份有限公司　http://www.press-mart.com
　　　　　安徽科学技术出版社　　　　　http://www.ahstp.net
　　　　　（合肥市政务文化新区翡翠路 1118 号出版传媒广场，邮编：230071）
　　　　　电话：（0551）3533330
印　　制：合肥杏花印务股份有限公司　　电话：（0551）65657630
（如发现印装质量问题，影响阅读，请与印刷厂商联系调换）

开本：720×1000　1/16	印张：10	字数：25 万
版次：2012 年 11 月第 1 版	印次：2023 年 1 月第 2 次印刷	

ISBN 978-7-5337-5511-9　　　　　　　　　　　　　　定价：45.00 元

前言

　　今天，当我们身处这个科技发达、物质丰富的时代，我们应当感谢所有为构筑现代物质文明作出过贡献的人们，是他们改变了人类历史的进程，缔造了如今舒适、惬意的生活。

　　本套《全景阅读·学生版》专为广大青少年朋友精心编写，掀开历史画卷，我们从中筛选了人类历史上最具震撼力的一百个发明、一百个发现、一百个人物以及一百件大事。成功的发现推动了社会的发展，造就了今天的现代文明。诸如：日心说、南极大陆、万有引力……这些伟大的发现是人类智慧的结晶，凝结着众多发明家的心血和汗水，对人类社会的影响极其深刻，从根本上改变了人类的思维观念和对世界的认识。本书以极其简练的文字，大量珍贵的历史图片，记录了人类值得记忆的每一个精彩的瞬间，生动地再现了波澜壮阔而极具震撼的历史画面，使青少年朋友在完整、全面的阅读中，受到启发，从而受益无穷。

目 录
Contents

Principia of Everything

万物原理

悠悠考古　　◀

神秘宇宙

日心说
Heliocentrism 新宇宙观的诞生

1543 年，哥白尼向世界宣告了一个崭新宇宙观的诞生——日心说，它否定了在西方统治达 1000 多年的地心说，引起了人类宇宙观的重大革新，从根本上动摇了欧洲中世纪宗教神学的理论支柱，成为天文学史上一次伟大的革命。

自古以来，人类就对宇宙的结构不断地进行着思考，早在古希腊时期就有哲学家提出了关于地球在运动的主张，只是当时没有得到人们的认可。

在中世纪的欧洲，托勒密主张地心说，认为地球是静止不动的，其他的星体都围着地球这一宇宙中心旋转。由于这个学说符合神权统治理论的需要，与基督教会所渲染的"上帝创造了人，并把人置于宇宙中心"的说法刚好不谋而合，处于统治地位的教廷便竭力支持地心学说，把地心说和上帝创造世界融为一体，用来愚弄人们，维护自己的统治。因而地心学说被教会奉为和《圣经》一样的经典，长期居于统治地位。在当时，如果有谁怀疑地心说，那就是亵渎神灵，大逆不道，要受到严厉制裁。这种状况一直持续到哥白尼时代。

哥白尼对天文学一直有着浓厚的兴趣，他广泛涉猎古代天文学书籍，很早就开始用仪器从事天文观测。在意大利帕多瓦大学留学时，该校的天文学教授诺法拉对地心说表示怀疑，认为宇宙结构可以通过更简单的图式表现出来。在他的思想熏陶

❀ 哥白尼

下，哥白尼渐渐萌发了关于地球自转和地球及行星围绕太阳公转的见解。

回到波兰后，哥白尼继续进行长期天象观测和研究，更进一步认定太阳是宇宙的中心。因为行星的顺行逆行，是地球和其他行星绕太阳公转的周期不同造成的假象，表面上看起来好像太阳在绕地球转，实际上则是地球和其他行星一起，在绕太阳旋转。

长期的观察和大量数据的积累，终于让哥白尼创立了以太阳为中心的日心说。为避免教会的迫害，起初，他只是将自己的主要观点写成一篇名为《浅说》的文章，抄赠给一些朋友。但是在探索真理的强烈冲动下，哥白尼还是决心将自己的心血公之于众。

❋ 哥白尼的"日心说"理论

· 1543 年，这部 6 卷本的科学巨著《天体运行论》几经周折，终于面世。书中，哥白尼批判了托勒密的理论，科学地阐明了天体运行的现象，推翻了长期以来居于统治地位的地心说，并从根本上否定了基督教关于上帝创造一切的谬论。然而此刻，哥白尼的生命也走到了尽头。他在临终前才看到这本还散发着油墨清香的著作，他用冰冷的双手颤抖地抚摸着期盼已久的著作。1 小时之后，哥白尼溘然长逝。

《天体运行论》完整地提出了日心说理论。这个理论体系认为，太阳是行星系统的中心，一切行星都绕太阳旋转。地球也是一颗行星，它一面像陀螺一样自转，一面又和其他行星一样围绕太阳转动。

日心说把地球从宇宙中心驱逐出去，显然违背了基督教义，为教会势力所不容。

为了捍卫这一学说，不少志士仁人与黑暗的神权统治势力进行了前仆后继的斗争，付出了血的代价。开普勒、布鲁诺等自然科学家，都为这场斗争作出过重要贡献。

❋ 坎坷的旅程

一天，教皇克雷蒙七世叫人阐述哥白尼日心说的基本原理，教皇听后，大为震惊，他决定想办法把哥白尼的手稿控制起来。不久，教皇便写信向哥白尼索取手稿，结果却被哥白尼拒绝了。哥白尼因此受到了威胁和迫害，直到10年后，这部手稿《天体运行论》才得以出版，结果引起了宗教教会和科学界几百年间的斗争，这部书稿也带着遍体伤痕，流传了300多年，直到19世纪中叶才在布拉格的一家私人图书馆里被发现。

行星运动三大定律

Kepler's Laws of Planetary Motion **天文学上最伟大的发现之一**

德国杰出的天文学家和数学家开普勒，通过长期研究第谷留下来的大量天文观测数据，提出了行星运动的三大规律，大大丰富和发展了哥白尼的日心说，从数学和物理学角度证明哥白尼学说的正确性，从而使它更加接近真理，同时也为牛顿万有引力定律的发现打下了基础。

早期的开普勒深受柏拉图和毕达哥拉斯神秘主义宇宙结构论的影响，以数学的和谐性去探索宇宙。他用古希腊人已经发现的 5 个正多面体，跟当时已知的 6 颗行星的轨道相结合，从而解释了太阳系中包括地球在内恰好有 6 颗行星以及它们的轨道大小的原因。他把这些结论整理成书发表，定名为《宇宙的秘密》。这个设想虽然带有浓重的神秘主义色彩，但也是一个大胆的探索。后来，开普勒在伽利略的影响下，通过对行星运动的深入研究，抛弃了柏拉图和毕达哥拉斯的学说，逐步走上真理和科学的轨道。

🌸 开普勒

🌸 开普勒解释哥白尼日心说的模型

对火星轨道的研究是开普勒重新研究天体运动的起点。因为在第谷遗留下来的数据资料中，火星的资料是最丰富的，而哥白尼的理论在火星轨道上的偏差却最大。

起初，开普勒的研究还局限在第谷遗留下来的观测资料中。传统观念认为，行星做匀速圆周运动。但是经过反复推算发现，都不能算出同第谷的观测相合的结果。虽然黄经误差最大只有 8′，但是他坚信观测的结果。经过一次次分析计算，开普勒想到，火星可能不是做匀速圆周运动的，也就是说如果火星轨道不是正圆，而是椭圆，那么矛盾就会迎刃而解。于是，他改用各种不同的几何曲线来表示火星的运动轨迹，经过细致而复杂的计算以后，终于发

❀ 开普勒设想的地球

现：“行星沿椭圆轨道绕太阳运行，太阳位于椭圆的一个焦点上。”这就是行星运动第一定律，又叫“轨道定律”。这个发现把哥白尼学说向前推进了一大步。

接着他又发现，火星运行速度虽不均匀（最快时在近日点，最慢时在远日点），但从任何一点开始，在单位时间内，向径扫过的面积却是不变的。这样，就得出了关于行星运动的第二条定律：“行星的向径，在相等时间内扫过相等的面积。”开普勒还指出，这两条定律也适用于其他行星和月球的运动。

经过长期繁复的计算和无数次失败，1612 年，开普勒终于发现了行星运动的第三条定律：“行星公转周期的平方等于轨道半长轴的立方。”这一结果发表在 1619 年出版的《宇宙和谐论》中。

开普勒的行星运动三定律首次定量地揭示了行星运动速度变化和轨道的关系，而运动速度变化又直接和作用力相联系。这一定律改变了整个天文学，彻底摧毁了托勒密复杂的宇宙体系，完善并简化了哥白尼的日心说，并导致了数十年后万有引力定律的发现。开普勒也因此得到了“天空立法者”的美誉。

名人名言 >>

类比是最可信赖的老师。它能揭示自然界的秘密，在几何中，它是最不容忽视的。

——开普勒

❀ 从牧师到天文学家

开普勒对于行星运动的研究深深影响了后来的天文学。开普勒从小就体弱多病，家境穷困，父母时常吵架，他的童年生活凄惨至极。开普勒从小聪颖好学，立志要成为一名牧师，并考入杜宾根大学研读宗教学。在大学里，他喜欢上了天文学，并成为哥白尼学说的忠实维护者。他决定不当牧师了，因为他觉得潜心研究行星运行的数学法则，当一名天文学家，同样可以奉献自己的才能。经过努力，他终于发现了“行星运动定律”。

哈雷彗星

Halley's Comet 太阳系中最明亮的彗星

众多彗星中最著名的当数太阳系中最明亮、最活跃的彗星——哈雷彗星，它是最早被确认的一颗周期彗星。哈雷彗星的发现，是天文学领域内的一项杰作，为天文学的研究打开了新的局面。如今，哈雷彗星的回归，已经成了人们密切关注的一种天文现象。

🌑 爱德蒙·哈雷

提起哈雷，我们都不会感到陌生，因为彗星中的佼佼者——哈雷彗星就是以他的名字命名的。哈雷彗星每一次回归，都会让这位天文学家的英名大放异彩。

1656年，哈雷出生在伦敦附近的哈格斯顿。17岁时，哈雷进入牛津大学女王学院学习数学。1676年，哈雷毅然放弃了学位证书，只身乘船去了南大西洋的圣赫勒纳岛。在岛上，他建立起人类第一个南天观测站，进行了1年多的天文观测，测编了世界上第一份精度很高的南天星表，被人们誉为"南天第谷"。

16世纪末，第谷曾对彗星进行过观测，并提出彗星是天体，但对于它是什么样的天体并不清楚。而当时的天文学家普遍认为彗星是在恒星之间的漂泊不定的"怪物"，它的行踪无法预测。17世纪初，牛顿开始把他的万有引力理论应用于天体研究，以确定行星、卫星以及彗星的运动。作为牛顿的挚友和同事，哈雷对牛顿的计算结果产生了极大的兴趣，尤其对彗星情有独钟。

🌑 14世纪的意大利画家乔托所画的"三博士礼拜"的背景，在耶稣诞生的畜棚屋顶上，有一颗拖着红色尾巴的彗星。在之前的1302年，哈雷彗星曾出现过，乔托画的星可能源自对哈雷彗星的记忆。

1682 年 8 月，天空中出现了一颗用肉眼可见的亮彗星，它的后面拖着一条清晰可见的、弯弯的尾巴。这颗彗星的出现引起了几乎所有天文学家们的关注。当时，哈雷对这颗彗星更为感兴趣。他仔细观测、记录了彗星的位置和它在星空中的逐日变化。经过一段时期的观察，他惊讶地发现，这颗彗星好像不是初次光临地球的新客，而是似曾相识的老朋友。

在后来整理彗星观测记录的过程中，哈雷发现1682 年出现的一颗彗星的轨道根数，与 1607 年开普勒观测的和 1531 年阿皮延观测的彗星轨道根数相近，出现的时间间隔都是 75 年或 76 年。

1684 年，哈雷亲自去拜访了牛顿，并且与牛顿展开了激烈的讨论。回家以后，他运用牛顿万有引力定律反复推算，终于得出结论，这 3 次出现的彗星，并不是 3 颗不同的彗星，而是同一颗彗星周期性地出现了 3 次。哈雷以此为据，预言这颗彗星将于 1758年底或 1759 年初再次出现。

1758 年底，就在哈雷已经去世 10 多年后，他所预言的那颗彗星被一位天文爱好者观测到了。1759 年3 月，全世界的天文台都在等待哈雷预言的这颗彗星。3 月 13 日，这颗明亮的彗星拖着长长的尾巴，准时地回到了太阳附近。哈雷在 18 世纪初的预言，经过半个多世纪的时间终于得到了证实。为了纪念哈雷，人们就把他发现的这颗彗星以他的名字命名，这也就是今天人人所知的哈雷彗星。

根据哈雷的计算，预测这颗彗星将于 1835 年和1910 年再次回来，结果，这颗彗星都如期而至。彗星多数是小彗星，直接用肉眼很难看到，只有极少数彗星，被太阳照得很明亮、拖着长长的尾巴，才能被我们看见。哈雷彗星的最后一次回归是 1986 年，中国和各国一样对它进行了大量的观测，发现了断尾现象。而它的再次回归要等到 2061 年左右。

"彗星侦探"

1705 年，哈雷宣布大彗星将于 1758 年再次出现于天空。1758 年，法国天文学家梅西叶指望自己能成为第一个证实彗星回归的人，后来他终于找到了这颗彗星，但这一殊荣却没有属于他。原来德国的一位农民天文爱好者已捷足先登，比他早 20 多天发现了回归的彗星。虽然如此，梅西叶并不灰心，他开始系统地寻找彗星，年复一年、日复一日地进行观测。一生中，他共发现了 21 颗彗星，而经他观测过的彗星达到 46 颗。一次，法国国王路易十五开玩笑地说他是"彗星侦探"，这句戏言是对梅西叶的最高褒奖。

这是哈雷彗星在 1910 年回归时拍摄的照片，它原本是黑白的，科学家用电脑给它加上假色彩，这样可以清楚地看到蓝色灰尘尾巴上的紫色离子尾巴。

星云假说

The Nebular Hypothesis 太阳系起源的假说

关于地球的起源，中国古代就有盘古开天辟地的神话，在国外则流行着上帝耶和华创造太阳、地球的说教。直到18世纪，人们才开始科学地探索地球的起源。康德和拉普拉斯的星云假说比较圆满地解释了太阳系的基本特征。据目前观察的事实，也与星云假说基本符合。

从哥白尼创立日心体系始，他的后继者开普勒发现行星运动定律，继而牛顿以他的运动定律和万有引力定律成功地解释了行星运动的物理原因。太阳系的结构完全搞清楚了，人们很自然地就会对太阳系的起源产生兴趣。

关于这个理论的探索，虽然已有200余年历史，但基本上还只是一些揣测的看法。没有人能目睹行星的形成，太阳系的起源至今仍停留在假说的阶段。人们根据太阳系的现状及特征，设想着它的形成过程。

天文学家通过对太阳系的整个图像的研究，发现了太阳系整个结构中某些统一的特征，诸如：共面性、同向性、近圆性等。根据这些特征，天文学上最合理的推测是，行星系统是由同一薄层物质所形成的。

据此，1755年，德国哲学家康德出版了《宇宙发展史概论》一书，这本书中首次提出了太阳系起源的星云假说，康德用牛顿的万有引力原理解释了太阳系的起源及初始运动问题。

康德星云假说的主要内容是：宇宙中散布着微粒状的弥漫物质，称为原始物质。在万有引力作用下，较大的微粒吸引较小的微粒，并逐渐聚集加速，结果在弥

由于受科学技术的限制，古人对宇宙充满了神秘感与崇拜。

漫物质团的中心形成巨大的球体，即原始太阳。周围的微粒在向太阳这一引力中心垂直下落时，一部分因受到其他微粒的排斥而改变了方向，便斜着下落，从而绕太阳转动。最初，转动有不同的方向，后来有一个主导方向占了上风，便形成一扁平的旋转状星云。云状物质后又逐渐聚集成不同大小的团块，便形成行星。行星在引力和斥力的共同作用下绕太阳旋转。

康德关于太阳系是由宇宙中的微粒在万有引力作用下逐渐形成的基本观点是可取的，它能说明行星的运行轨道具有的共面性、近圆性、同向性等特点。但康德的假说解释不了太阳系的角动量来源，所以提出后并未立即引起人们的注意。

1796 年，法国科学家拉普拉斯在他的《宇宙体系论》中独立地提出了与康德类似的另外一个星云假说，使得太阳系起源与演化的研究受到了更多的重视。拉普拉斯与康德的观点基本一致，只是拉普拉斯的假说在细节上做了很多动力学方面的解释，与康德的假说相比，论证更严密、更合理、更完善。因此，人们把他们两人的假说合称为康德—拉普拉斯星云假说。

最近几十年，随着恒星演化理论的发展，星云说被赋予新的科学内容：

首先，康德认为形成太阳系的是银河星云的整体。现在看来，形成太阳系的仅仅是银河星云的一个很小的碎块。星云的质量远大于一般的恒星，而它的球状碎块的质量，大体上与一颗普通恒星相当。

其次，拉普拉斯认为形成太阳系的星云物质是炽热的。如今看来，形成太阳系的星云物质是低温的，它的温度仅比绝对零度高出 10~100K。因此，从星云到太阳系的形成是由冷变热的历史，而不是由热变冷的历史。

康德的作息时间

4:45 起床。5:00 喝茶，抽烟，备课。7:00~9:00 上课。9:00~12:45 写作。12:45 待客。13:00~16:00 午餐。16:00~17:00 散步。之后看书到 22:00。22:00，他立刻上床。康德每天的睡眠时间约六个半小时，比我们平常人至少要少睡 2 个小时，一年 365 天乘以 2 等于 730 个小时，也就是说，康德比我们常人每年要多工作近 1 个月的时间。有人说，康德就是比寻常人付出百倍汗水练就成的伟人，而珍藏在伟人智囊里的故事，却成为了全世界的宝藏。

蟹状星云

天王星

The Uranus 现代发现的第一颗行星

天王星是人类有记载历史以来所发现的第一颗行星。它的发现扩大了太阳系的范围，人们开始重新认识太阳系，对行星的划分也有所改变。这无疑是人们在探索宇宙的道路上迈出的十分了不起的一步。

*天王星的大气层中83%是氢，15%是氦，2%是甲烷及少量乙炔和碳氢化合物。

*威廉·赫歇尔

天王星是太阳系中离太阳第七远的行星，从直径来看，是太阳系中第三大行星。天王星的体积比海王星大，质量却比其小。

天王星是由英国著名的天文学家威廉·赫歇尔发现的，它是现代发现的第一颗行星。

早在1690年，便有人已观测到天王星的存在，但当时却把它忽略了。事实上，它曾经被观测到许多次，只不过当时被误认为是另一颗恒星。

1781年3月13日深夜，赫歇尔和往常一样，将自制的望远镜架在楼顶的平台上，指向预定目标——双子星座。突然，视场内出现了一个略显暗绿色的光点。凝神一看，似乎又是一个极小的圆面。赫歇尔心中不禁怦然一动，敏锐的他马上意识到：这绝不是恒星！他换上了倍数更大的目镜观察，结果发现这个圆面又大了不少。

据此，他马上断定，所看到的天体一定是太阳系中的。对于恒星而言，不管多大的望远镜，也不可能把它放大成圆面（只能使星点更亮些）。第二天夜晚，他又把望远镜对准了这个目标，这个圆面的位置已经稍稍变动了些。连续数日的观测使他肯定了自己的判断。

为了慎重起见，4月26日，他还是先把它当作彗星，写了一篇名为《一颗彗星的报告》的文章呈给英国皇家学院。赫歇尔在报告中指出，这颗闯入镜头的

🌸天王星是太阳系的第七颗行星，在太阳系中的体积是第三大（比海王星大），质量排名第四（比海王星轻）。它的名称来自古希腊神话中的天空之神乌拉诺斯，是克洛诺斯（农神）的父亲，宙斯（朱比特）的祖父。

"新客"是一颗无尾彗星。他企图用抛物线以及用极长的椭圆去表示新星的轨道，始终没有成功。他后来发现这颗新星的轨道接近圆形，并算出它的半径等于 19 个天文单位。至此，真相大白：威廉·赫歇尔发现的是太阳系中的新行星。赫歇尔公布了这一发现后，科学界几经迟疑，终于承认了这是一颗新发现的行星。在此以前，长期以来人们公认土星是太阳系的边缘，现在被天王星所代替。要打破这一边界可不是件容易的事情。赫歇尔的发现引起了非常大的轰动。

赫歇尔建议把他发现的这颗行星叫作乔治星，以纪念他的资助者——当时的英国国王乔治三世。这个提议遭到了其他天文学家的反对，他们建议用赫歇尔的名字命名。在激烈地争论之后，大家一致同意依照行星命名的惯例，用希腊神话中的人物之名来命名这颗新发现的行星。

为保持一致，由波德首先提出把它称为乌拉诺斯（Uranus）（天王星），因为在神话中天王星是 Saturn（土星）的父亲。这样就使得 Jupiter（木星）、Saturn（土星）和 Uranus（天王星）子、父、祖父三代并列于太阳系中。但这样的提法直到 1850 年才开始广泛使用。一些科学家仍然把这颗星叫作赫歇尔，以纪念它的发现者。在相当长的时间内，天王星和赫歇尔两个名字并存。

🌸**康德的作息时间**

如果说数星星的人都是愚蠢之极的人，那么赫歇尔兄妹就是天文学家中最先 2 个立志数星星的"大蠢人"。为了数星星，他们数十年如一日地进行观测，从不轻易放过任何可观测的晴朗天气，无论是寒冷的冬季，还是酷热的夏夜，常常从夜幕降临干到晨曦初上，彻夜不眠。赫歇尔饿了，渴了，他的妹妹卡洛琳就用叉子汤匙一口口喂他……赫歇尔直到 50 岁才成婚，而卡洛琳为了天文工作，终身未嫁。正是凭着这种奉献精神，兄妹俩获得了种种殊荣，而且流芳百世。

海王星
The Neptune "笔尖上的发现"

海王星的发现比天王星的发现更富有戏剧性、更加激动人心，它不是天文观测偶然发现的，而是科学家"笔尖上的发现"，因而引起了更大的轰动。它证实了牛顿力学和万有引力定律的可靠性，为牛顿力学赢得了至高无上的荣誉。

天王星被发现之后，为确定其轨道，天文学家对其位置做了数年之久的观测，以确定其瞬时位置和运动速度。牛顿的运动定律和万有引力定律准确地描述了行星的绕日运动，因此只要知道行星和彗星的轨道数据，便可预报它们的位置。然而天王星的运动却出乎意料。

天王星的反常运行引起了天文学界的注意。有人认为万有引力定律对于那些远离地球的天体也许并不可靠。另一些人则提出，在天王星之外可能还有一颗未知的行星。而验证后一种揣测唯一的办法，就是运用天体力学将造成天王星摄动的新行星轨道算出来。

最先从事这一工作的是英国的青年天文学家亚当斯。在剑桥大学读书时，他就开始研究天王星的运行问题。亚当斯利用课余时间进行了大量计算，并在大学毕业的那一年得出了一个计算结果。大学毕业后，他成为剑桥的研究生，这期间亚当斯继续改进他的计算结果，于 1845 年得出了新行星轨道的一个令人满意的计算结果（行星的轨道和质量）。

论文写好后，亚当斯来到伦敦求见皇家天文学家艾里，希望他能帮助确认这颗新行星。艾里拒绝见这位年仅 26 岁的无名小辈，亚当斯只得将自己的论文写成了一篇摘要，请人转交给艾里。不料，这位

天王星的发现者勒维耶（左）和约翰·亚当斯（右）

天文学家根本没有把这位年轻人的发现放在眼里，而把亚当斯的计算结果束之高阁，结果使亚当斯和海王星的发现擦肩而过。

1846 年 9 月 23 日，柏林天文台收到来自法国巴黎的一封快信，发信人名叫勒维耶。原来，这个名叫勒维耶的人也完成了对新行星轨道和大小的计算，写出了《论使天王星运行失常的行星，它的质量、轨道和现在位置的决定》，其结论与亚当斯基本相同。

海王星里的甲烷使海王星的颜色呈蓝色

勒维耶将论文提交给了科学院，由于巴黎没有那一天区的详细星图，他又于当年 9 月 18 日将论文寄给了柏林天文台的天文学家加勒。9 月 23 日，加勒收到了勒维耶的论文和信，当天晚上就将望远镜对准了勒维耶所说的天区，他仔细地记下了他所观察到的每一颗星，然后将新记录的诸星与不久前刚得到的一张详细的星图进行比较，发现在勒维耶所说的位置以外 52 角秒的地方有一颗星是星图上所没有的。为了可靠起见，第二天晚上他又仔细地进行了观察，发现这颗星果然移动了 70 角秒，正与勒维耶所预言的每天移动 69 角秒相符合。就这样，又一颗行星——海王星——被发现了！

柏林天文台将发现新行星的消息传到英国，皇家天文台台长艾里大为震惊，他马上从资料堆里找出了亚当斯的论文摘要，才知道亚当斯早就给出了同样准确的预言，而自己却错过了发现的荣誉。于是，他马上发表了亚当斯 1 年前的这份论文摘要，使科学界得以知道事情的真相。

在希腊神话中海王星（希腊文中的波塞冬）是海神的意思。波塞冬是希腊奥林珀斯十二主神之一，他是宙斯的哥哥。他负责掌管海洋，以三叉戟主宰水域，在水上拥有无上的权威，是大地的动摇者。

太阳黑子周期
The Period of Sunspot 不平静的太阳表面

太阳宛如一个以固定的速率燃烧着的巨大火球，始终光辉灿烂，给大地带来了光明和温暖。然而太阳表面其实并不平静，尤其是周期性出现在太阳上的黑子，宛如水面上激起的漩涡，又仿佛是太阳脸庞上的雀斑，给人类的生活带来很大的影响。

太阳黑子是在太阳的光球层上发生的一种太阳活动，是太阳活动中最基本、最明显的活动现象。在太阳的光球层上，有一些漩涡状的气流，像是一个浅盘，中间下凹，看起来是黑色的，这些漩涡状气流就是太阳黑子。黑子本身并不黑，之所以觉得黑是因为比起光球来，它的温度要低一两千摄氏度，在更加明亮的光球衬托下，它就成为看起来像是没有什么亮光的、暗黑的黑子了。

太阳黑子的数量并不是固定的，它会随着时间的变化而上下波动，每 11 年会达到一个最高点，这 11 年的时间就被称之为一个太阳黑子周期。

太阳黑子是一个古老的研究对象。人类注意到黑子现象，至少已有 2000 年以上的历史。我国古籍《汉书·五行志》记载了"成帝河平元年三月己未，日出，黄，有黑气大如钱，居日中央"，便是闻名于世的公元前 28 年 5 月 10 日的大黑子记录。

古代欧洲人由于受到"天体完美无瑕、亘古不变"这种哲学思想的束缚，所以在漫长的世代中未能确认黑子的真实存在。

自 17 世纪意大利科学家伽利略制造出人类历史上第一架天文望远镜之后，情况就大为改观了。太阳黑子周期的发现者不是天文学家，而

❀ 17 世纪观测的太阳黑子发生的时间和在太阳表面位置的记录

❀ 世界上最早关于太阳黑子的文献记载于我国的《汉书》，当中有"日黑居仄，火如弹丸"的描述。欧洲人发现太阳黑子的时间要远远迟于这个时间，而且在他们看到这种现象之后当地教会还禁止谈论，并否认太阳黑子的存在，因为这违背了宗教教义。

是德国一位名叫亨利·施瓦布的天文爱好者。施瓦布的职业是药剂师，但他却是一个狂热而勤奋的天文迷。

19 世纪初期，就在英国天文学家赫歇尔刚刚发现天王星不久，许多天文学家就开始怀疑，在水星轨道之内、离太阳很近的地方还有一颗尚未发现的大行星，它的存在使水星的运动呈现出异常状况，他们将之称为火神星。

许多天文学家和天文爱好者都想成为这颗火神星的发现者，施瓦布也是其中极热心的一个。他从 1826 年开始对太阳进行观测，想利用火神星凌日的机会发现它。只要天气晴朗，他的观测从不间断。

为了把太阳黑子与火神星区别开，施瓦布每天都把日面上的黑子画下来。他整整坚持画了 17 年，但直到 1843 年，他也没有找到火神星的踪影。施瓦布把积累了几柜子的黑子图全部翻出来进行比较，想从中寻觅到"火神星"的蛛丝马迹。然而，火神星没有找到，他却意外地发现了太阳黑子的 11 年周期变化。

施瓦布马上将自己的发现写成论文，寄到天文期刊编辑部，但是因为他是一位药剂师，编辑们根本没有理睬他。施瓦布没有气馁，继续坚持每天观测。

时间又过去了 16 年，1859 年，施瓦布已经是一位双鬓斑白的老人。火神星依然没有踪影，而太阳黑子变化的规律却更加明显了。施瓦布把自己的观测成果告诉了一位天文学家，这位天文学家帮助施瓦布把这一重大发现公布于世。

施瓦布的发现受到天文学家的极大重视，并很快得到了证实。目前，太阳活动的 11 年周期变化已成为大家公认的太阳活动基本规律。

❀ 太阳黑子的危害

太阳黑子的大爆发会干扰地球磁场，给航天、通信、导航定位、电网以及军事活动带来严重危害和巨大损失，黑子大爆发还会使大气层上方出现的臭氧量激增，增加的臭氧要吸收比平常量更多的太阳热量，使气温、气压和大气环流发生变化，形成恶劣的天气。还会对地球磁场产生损害，对现有的 GPS 全球定位系统、互联网通讯设施和其他基础设施构成冲击。

冥王星
The Pluto 矮行星的发现

20世纪初,天文学家发现了冥王星,使太阳系变成"九大行星"。由于它太远太暗,科学家赋予它地狱之神的名字,中文意译为冥王星。自获冠名以来,冥王星一直备受争议。2006年8月24日,布拉格召开国际天文学联合会将保持了76年的冥王星的行星地位降级为"矮行星"。

海王星被发现以后不久,从1850年开始,一些天文学家就分析,在海王星以外可能还有一颗未知的"新行星"。美国天文学家洛韦尔在仔细研究了天王星和海王星轨道异动的误差后,认定还存在一颗更远的"行星"。为寻找这颗他们认为的"行星",洛韦尔付出了十几年的心血。1905年,他完成了对未知新行星运行轨道的观测推算,并且用手动照相方式进行搜寻。由于这颗"未知行星"距离地球太遥远,搜寻起来极为困难,所以直到1916年11月洛韦尔去世时,都还没有什么结果。

洛韦尔所创建的天文台继承了他的遗愿,继续不懈地搜寻着这未知的天体。1925年,洛韦尔的亲属捐献了一架性能非常好的照相望远镜,为继续搜寻新行星提供了优越的条件。

1929年,洛韦尔天文台台长邀请美国天文工作者汤博加入搜索"未知行星"的行列。汤博深知,这颗"未知行星"看起来只是个恒星状的光点,似乎和恒星没什么区别,但如果从动态观察看,它会绕着自己的恒星转,因而它的位置也在不断变化。为发现星点位置的变化,汤博想了一个办法:把它们的分布状态随时拍摄下来,再从比较中发现变化。

确定了观察方法后,汤博根据洛韦尔的计算,首先把冥王星所在的天空区域划分成一小块一小块,对一个个天区逐一进行搜索,并且在搜索过程中拍摄大量的底

冥王星假色彩图

🌸冥王星是太阳系中第十大围绕太阳运行的天体。它于 1930 年 3 月被发现，并以希腊神话中的哈迪斯命名，中文意译为冥王星。图为哈迪斯诱拐佩尔塞福涅。

片。每隔两三天时间，汤博就要重新拍摄相同的天空区域，进行认真的比较。

汤博特地设计了一种特殊的观测装置，可以同时比较 2 张底片，并能够较快地寻找到发生闪烁的光点。这项艰苦的工作持续了近 1 年之久。

1930 年 2 月 28 日，汤博正在检查一组双子星座的底片，发现其中有一颗星在一段时间内在其他星星之间跑了一段。"难道这就是洛韦尔预言但却没能找到的那颗行星？"面对日思夜盼的发现，汤博几乎不敢相信自己的眼睛。为了进一步确证清楚，他继续拍摄这个星点的照片。几个星期过去了，汤博终于确证：这个星点正是期盼已久的"新行星"。正如洛韦尔所说的那样，它是运行在海王星之外的一颗"行星"。

这是汤博在大约 2 万多个"嫌疑分子"中千辛万苦找到的"海外行星"。1930 年 3 月 13 日，汤博对外宣布：他发现了"海外行星"！它被命名为冥王星。

由于汤博估错了冥王星的质量，因此它被认为是像地球这样的大行星。然而，经过进一步观测，天文学家发现它的质量和大小要比其他大行星小得多，因此关于冥王星是不是大行星，一直存有争议。后来天文学家确定它的直径只有 2300 千米，甚至比月球还要小，冥王星的"大行星"地位就岌岌可危了。在 2006 年 8 月举行的国际天文学联合会议上，它被归类为"矮行星"一列，这时汤博已经去世 9 年了。

冥王星身份的变化并不重要，它也许与八大行星有着完全不同的起源，这将为研究太阳系早期演化过程提供重要线索。

🌸 **未解之谜**

当冥王星被发现之后，很多科学家开始考虑太阳系中是否存在"冥外行星"的问题。冥王星的发现者汤博，在发现冥王星后的 14 年里，一直在寻找"冥外行星"。他花费了 7000 小时，检查了 9000 万颗天体的图像，获得了许多意外收获，但就是没有找到"冥外行星"。太阳系究竟有没有未被发现的"冥外行星"呢？至今仍然是一个谜。

脉冲星
Pulsar "调皮"的变星

脉冲星的发现被誉为是"20世纪60年代天文学上的四大发现"之一。它的发现不仅为中子星和超新星的理论提供了观测上的证据,也为恒星演化理论增加了重要的内容;而且对物理学日后的发展产生了巨大的影响,对于进一步了解宇宙的物理本质有很高的价值。

🌑 脉冲星的发现者之一乔斯琳·贝尔·伯内尔

人们最早认为恒星是永远不变的。而大多数恒星的变化过程是如此的漫长,人们也根本觉察不到。然而,并不是所有的恒星都那么平静。后来人们发现,有些恒星也很"调皮",变化多端。于是,就给那些喜欢变化的恒星起了个专门的名字,叫"变星"。

脉冲星,就是变星的一种。1967年,脉冲星首次被发现。当时,休伊什带领着女研究生乔斯琳·贝尔·伯内尔一起对来自遥远天体的射电信号进行观测和研究。研究小组专门建造了一台特殊的射电望远镜,它能够识别快速变化的脉冲信号。同年7月,这台仪器正式投入使用,用望远镜观测并担任繁重记录处理的正是贝尔。贝尔的工作之一是仔细检查射电望远镜接受器 30 米长的记录纸带,并在上面把来自太空的无线电讯号以弯弯曲曲的线表示出来。

望远镜对整个天空扫视一遍需 4 天时间,因此,每隔 4 天贝尔就要详细分析一遍记录纸带。由于望远镜的整个装置不能移动,所以只能依靠各天区的周日运动进入望远镜的视场进行逐条扫描。贝尔必须用双眼,仔细地审视记录纸带。她既要

🌑 1967 年,英国天文学家休伊什和贝尔偶然接收到来自狐狸座的脉冲射电信号,确认这是一种星体发射出来的,并称这种星体为脉冲星,后来脉冲星被证实是中子星。

从纸带上分离出各种人为的无线电信号，又要把真正射电体发出的射电信号标示出来。这是一项枯燥、艰苦的工作，需要观测者极度的细心与耐心。

1967 年 8 月，贝尔在部分纸带上发现了一些稀奇的信号。这天，当她看到与本星期初从天空相同部分的狐狸星座中记录下来的相似信号再次出现时，感到很惊奇。遗憾的是，两次记录下来的信号都只有 1 厘米纸带长度，并且贝尔把这个现象归因于局部的地上无线电干扰。于是，她把这个记录放在一边。幸运的是，到了 11 月，新的研究需要用到高速记录器，引起注意的这种信号再次出现了。

天文学家发现蟹状星云中也有一颗脉冲星，这为脉冲星的形成理论提供了观测证据。

11 月 28 日，贝尔终于获得了清晰的连续脉冲图。她惊奇地发现自己所记录到的曲线看上去好像毫无规律，但仔细观测，就会发现这中间掩藏着一组极有规律的脉冲信号——脉冲周期只有 1.337 秒，短而且非常稳定；脉冲随天体的东升西落而移动，脉冲来自狐狸星座方向。

贝尔兴奋地把这一发现告诉了她的导师休伊什，休伊什对此大感兴趣。第二天同一时间，在同一天区通过视场的时候，奇怪的脉冲信号又出现了。经过缜密的思考和分析，休伊什提出这种天体可能是一种脉动着的恒星，在不断地膨胀、收缩或变形，每一次脉动都对应着一次能量爆发。

1968 年 2 月，休伊什等人在英国《自然》杂志上发表了题为《对一个快速脉动射电源的观测》的报道，文中称剑桥研究组发现狐狸星座有一颗星发出一种周期性的电波。经过系统观测和仔细分析，他们认为这是一种未知的天体。因为这种星体不断地发出电磁脉冲信号，因此被命名为脉冲星。

脉冲星的发现为天文学的研究写下了新的篇章。研究脉冲星有助于我们了解星体坍缩时的情况，还可通过对它们的研究揭示宇宙诞生和演变的奥秘。事实证明，每颗脉冲星都有与众不同之处：有些亮度极高；有些会发生星震，顷刻间使转速陡增；有些在双星轨道上有伴星……总之，每次新发现都会带来一些珍贵的、新奇的资料，这可以帮助人类进一步了解宇宙。

最愚蠢的一脚

贝尔发现射电脉冲之前，有位物理学家也发现了这一现象。当他把射电望远镜对准了太空，观测猎户座的一个脉冲星时，他发现自动记录仪在颤抖，并且很有规律。他以为自己的设备出了毛病，于是就对着仪器轻轻地踢了一脚，颤抖消失了，他就这样与发现脉冲星的桂冠擦肩而过。这最愚蠢的一脚使他终身难忘，后悔不已。他向贝尔讲述了自己的故事，但他不愿意透露自己的身份，直到今天，也没有人知道这位物理学家是谁。

黑洞

Black Hole 宇宙中的"陷阱"

1990 年 8 月 17 日，美国的"哈勃太空望远镜"向地球发回了一张位置处于北半球的 NGC7457 星系的照片。美国科学家认为，这可能又是一张有关神秘天体的照片，这个神秘天体就是黑洞。"黑洞学说"无疑是本世纪最具有挑战性，也最让人激动的天文学说之一。

"**黑**洞"让我们很容易联想到一个"大黑窟窿"，其实，黑洞是一种具有封闭视界的天体，外来的物质和辐射能进入视界以内，但视界内的任何物质都不能跑到外面。这个视界就是黑洞的边界，它具有强大的引力场，就连光都不能从中逃逸，成为宇宙中一个吞噬物质和能量的"陷阱"。

欧洲航天局公布的一张艺术设想图。该图演示由卫星观测到的位于银河系中心名为 MCG6-30-15 的超大型黑洞。

最初指出黑洞的存在，并假设其为一个质量很大的神秘天体，是在 1798 年，当时法国的拉普拉斯利用牛顿万有引力和光的微粒说提出这一见解。他说："一个质量如 250 个太阳，而直径为地球的发光恒星，由于其引力的作用，将不允许任何光线离开它。由于这个原因，宇宙间最大的发光天体，我们却看不见它。"他称这种天体为"黑暗的一团"，并猜测宇宙太空中可能有很多这样的暗天体。这样的暗天体就类似于我们今天所说的黑洞。

1916 年，爱因斯坦发表广义相对论，不久，德国物理学家史瓦西得到了广义相对论方程的一个精确解。

史蒂芬·威廉·霍金

他预言存在 5 种不旋转、不带电的黑洞。当时就已算出，若要成为黑洞，一个质量如太阳的星体，其半径必须缩到大约 3 千米。

然而，史瓦西提出的黑洞概念在当时并没有受到人们的普遍重视。直到 20 世纪 70 年代，世界著名的物理学家霍金才把量子力学与广义相对论结合起来，进行黑洞表面量子效应的研究，最终才使得黑洞理论的研究向前推进了一大步。

黑洞的大小若用质量相比较的话，那么具有太阳质量的黑洞，其半径只有 3 千米。黑洞把一切物质吸入，连光都不可能逸出。

与别的天体相比，黑洞是显得太特殊了。例如，黑洞有"隐身术"，人们无法直接观察到它，连科学家都只能对它内部结构提出各种猜想。我们为什看不见黑洞？黑洞是怎么把自己隐藏起来的？经过研究，科学家们发现，黑洞原来是靠弯曲的空间把自己隐藏起来的。

根据广义相对论，空间会在引力场作用下弯曲。光本来是走直线的，而强大的引力把它拉得偏离了原来的方向。在地球上，由于引力场作用很小，这种弯曲微乎其微。而在黑洞周围，空间的这种变形非常大，即使是被黑洞挡着的恒星发出的光，虽然有一部分会落入黑洞中消失，可另一部分光线会通过弯曲的空间中绕过黑洞而到达地球。所以人类可以毫不费力地观察到黑洞背面的星空，就像黑洞不存在一样。

更有趣的是，有些恒星不仅是朝着地球发出的光能直接到达地球，它朝其他方向发射的光也可能被附近的黑洞的强引力折射而能到达地球。这样我们不仅能看见这颗恒星的"脸"，还同时看到它的"侧面"，甚至"后背"。

总之，黑洞学说是本世纪最具有挑战性的天文学说之一。目前，许多科学家正在为揭开它的神秘面纱而辛勤工作着，新的理论也不断地被提出。

黑洞的艺术想象图

美丽星球

好望角
Cape of Good Hope
恐怖的"死亡角"

在迪亚士之前,西欧还没有人从海路到过东方的印度和中国。迪亚士首次发现了好望角,为打开西欧与东方的海上航路奠定了基础。在1869年之前的300多年里,好望角航路曾一度是欧洲人前往东方的唯一海上通道。

从很早的时候起,欧洲人就开始从东方进口各种香料和珠宝。不过,那时和东方的直接贸易都控制在阿拉伯人和意大利人手中,因此,欧洲人不得不为此付出高价。到了15世纪,欧洲人开始寻找直接和东方进行贸易的途径。其中,航海业已经相当发达的葡萄牙表现得最为积极。

🌸 巴托罗缪·迪亚士

1487年7月,36岁的巴托罗缪·迪亚士奉葡萄牙国王之命,率3艘探险船沿非洲西海岸南下,去寻找绕过非洲南端进入印度洋的航路。船队沿非洲海岸南行,开始时十分顺利,他们没有多长时间就到达了西南非洲海岸中部的瓦维斯湾。但是,他们不久就发现,在继续往南的航行中,海岸线变得越来越模糊。为了加快航速,迪亚士命令船速较慢的补给船先行返航。

正当他们为航行顺利而庆幸时,船队遇上了一场大风暴,咆哮的海浪铺天盖地地扑向船队。可怕

🌸 顽强的迪亚士揭开了好望角神秘的面纱,他的名字也永远与好望角连在一起。

的风暴把落了帆的船只推向南方。10多天之后，风暴才平息下来。根据以往的航海经验，迪亚士知道，沿非洲大陆南行时，只要向东航行就必然会停靠在海岸边。于是他下令调转方向，向东航行！

船队连续向东航行了好几天。可是，他们并没有看到预料中会出现的非洲海岸线，反而似乎越来越远了。面对这样的情况，迪亚士以其丰富的经验分析，认为船队很可能已经绕过非洲的最南端了，所以越向东航行反而离大陆越远。于是，他下令调转船头，向北前进！

果然，几天后他们又看见了陆地的影子，不久就抵达了现在的莫塞尔湾。这时，迪亚士发现，海岸线缓缓地转向东北，向印度方向伸去。至此，迪亚士完全确信：船队已经绕过非洲最南端，来到了印度洋。只要再继续向东航行，就一定可以到达神秘的东方。

迪亚士想继续前进，但船员们已经很疲倦，要求返航，而且粮食和日用品也所剩无几了。于是，他只好下令掉转船头，返回葡萄牙。

在返航途中，迪亚士再次经过上次遇到风暴的地方——非洲大陆的最南端，但这一次，这里正值晴天丽日，景色宜人。葡萄牙历史学家巴若斯在描写这一激动人心的时刻时写道："船员们惊异地凝望着这个隐藏了多少世纪的壮美的岬角。他们不仅发现了一个突兀的海角，而且发现了一个新的世界。"迪亚士感慨万千，他想了想，便给它取名为"风暴角"。

1488 年 12 月，迪亚士回到里斯本，向葡萄牙国王报告了航海过程。国王非常高兴，可又觉得风暴角这个名字不太吉利，于是把它改名为好望角，意思是绕过这个海角就有希望到达富庶的东方了。

迪亚士测量地理位置。

老师的启示

迪亚士小时候非常好学。一天，他问老师说："天地有多大？我奶奶说天圆地方，对吗？"老师说："先哲们是这样讲的。"迪亚士边比划边说："您看，如果我的胳膊围成的圆形是天，那下面的桌子就是地。这圆和方扣不到一起，那四个角又是什么呢？"老师笑着说："我老了，不然我会走到那角上去看看的，这个问题还是留给你来解决吧！"小迪亚士听了很受鼓舞，长大后终于走到了世界的一角，成为了世界著名的大航海家。

美洲大陆
Containt of America
梦想中的"亚洲大陆"

新航路的开辟改变了世界历史的进程，它使海外贸易的路线由地中海转移到大西洋沿岸。从此，西方走出了中世纪的黑暗，开始以不可阻挡之势崛起于世界，并在之后几个世纪迅速成为海上霸主，一种全新的工业文明由此成为世界经济发展的主流。

※ 克里斯托弗·哥伦布

葡萄牙人哥伦布从幼年时期就热爱航海冒险，他读过《马可·波罗游记》，十分向往东方富庶的印度和中国。当时，地圆说已经很盛行，哥伦布也深信不疑。为此，他先后花了十几年的时间向葡萄牙、西班牙、英国、法国等国国王请求资助，以实现他向西航行到达东方国家的夙愿。不过，直到1492年，西班牙女王才慧眼识英雄，同意资助他去东方探险。他们之间签订了名为《圣大菲协定》的航海协议，女王授予他"海上大将"的称号，任命他为所发现的岛屿和陆地的总督，并允许他从这些地方的产品和投资所得中抽取一定收入作为报酬。

1492年8月，哥伦布携带西班牙王室致中国皇帝的国书，率领"圣玛莉亚"号、"平塔"号和"尼尼亚"号3艘船队、90名船员，从西班牙西南海岸的帕洛斯港出发，向西航行，开始了他横穿大西洋的探索航路。

1个多月过去了，除了浩瀚的大海、追逐船只的海鸥，丝毫不见陆地的影子，富有航海经验的水手们开始怀疑，甚至纷纷要求返航。哥伦布顶住了巨大的压力，在惊涛骇浪的侵袭

※ 哥伦布第一次航海

中继续奋勇向前。

他的坚持终于赢来了奇迹。10月 12 日凌晨，在塔楼□望的水手终于发现了一片陆地。黎明时分，船队靠上一座岛屿。航行了两个多月，他们第一次遇到了陆地。

这个岛屿是巴哈马群岛中的一个小岛。哥伦布高举西班牙国王的旗帜，宣布此地为西班牙国王所有，并给这座岛屿取了一个基督教名字：圣萨尔瓦多，即"救世主"。

但是，船队绕岛一周，发现这里并不是理想中的黄金产地，船队于是继续向南航行。几天后，他们到达巴哈马群岛中最大的古巴岛，哥伦布认为这就是传说中的中国。按照已有的地图，它的东方应该就是日本了。船队转而向东寻找富饶的日本。他们登上了海地岛，哥伦布见岛上树木葱郁，山川秀丽，貌似西班牙，便将其命名为"小西班牙"。之后的圣诞节那天，由于航行不慎，最大的一只船"圣玛莉亚"号触礁沉没，哥伦布只得无奈地停止前行。

1493 年初，哥伦布率领剩下的 2 艘船队从海地岛返航，借着强劲的西风，于 3 月 15 日回到帕洛斯港，受到了西班牙民众的热烈欢迎。

这次航行是人类历史上首次成功横渡大西洋，它为以后探索美洲大陆奠定了基础。后来，在西班牙国王资助下，哥伦布又 3 次向西航行，先后到达过中美洲和南美洲的一些海岸。那时候，葡萄牙人已经到了真正的印度，开始掠夺亚洲的财富。

哥伦布 4 次横渡大西洋，发现了美洲大陆，他也因此成为名垂青史的航海家。但是自始至终，即使到去世的那一刻，他都认为自己发现的那个地方是梦想中的亚洲大陆——印度。后来，一个意大利航海家亚美利哥到美洲考察，才发现这里并不是印度，而是一块不为欧洲人所知晓的新大陆。于是，这块陆地使用发现者的名字命名，被称为亚美利加州，即美洲。

🌺哥伦布登上圣萨尔瓦多岛，跪倒在沙滩上感谢上帝的恩赐。

🌺化干戈为玉帛

传说，16 世纪初，哥伦布航海到了南美洲的牙买加，与当地的土著人发生了冲突。哥伦布和他的水手被困在一个墙角，断粮断水，情况十分危急。懂点天文知识的哥伦布知道这天晚上要发生月全食，就向土著人大喊："上帝生气了，他要带走月亮了。"到了晚上，哥伦布的话应验了，月光果然没有了。土著人见状诚惶诚恐，赶快与哥伦布和好，化干戈为玉帛。

欧印航线

Sea-route between Europe and India 通往东方的航线

达·伽马成功地开辟了西欧到印度的新航线，打破了长期以来世界上各个国家、地区和民族之间相对隔绝的状态，促进了西欧封建制度的解体和资本主义的成长。但与此同时，欧洲殖民者也开始了对亚、非、美洲的殖民活动，给殖民地人民带来了无尽的灾难。

1492年，哥伦布虽然航行到了美洲，但是并没有像期望的那样为西班牙带回大量的黄金和珍宝。为了追求巨额的财富，葡萄牙国王放弃支持探索新大陆，而是决定开辟一条通往东方的新航线。其实，葡萄牙人在西班牙派人向西航行的同时就在不断地向西航行。早在1487年，葡萄牙人迪亚士就在国王的鼓励下，组织船只沿着非洲海岸向南航行，到达非洲最南部的好望角。这一次，葡萄牙国王把这个重大政治使命交给了富有冒险精神的达·伽马。

🌠 葡萄牙航海家达·伽马

🌠 1498年4月，来到肯尼亚的马林迪，在这里，达·伽马一行受到马林迪首长的热情接待。

1497年7月，达·伽马率领4艘船，140多名水手，由葡萄牙首都里斯本启航，踏上了去探索通往印度的航程。开始他循着10年前迪亚士发现好望角的航路，迂回曲折地驶向东方。水手们历尽千辛万苦，航行了整整4个月时间终于抵达了好望角。

好望角犹如一个死亡角，向前将遭遇到可怕的暴风袭击，水手们无意继续航行，纷纷要求返回里斯本，

达·伽马奉葡萄牙国王曼努埃尔之命，率领4艘船共计140多水手，由首都里斯本启航，踏上了去探索通往印度的航程。

而此时达·伽马则执意向前，宣称不找到印度他决不罢休。在遭受3天3夜狂浪骤雨的袭击之后，船队终于绕过好望角，闯出了惊涛骇浪的海域，进入了印度洋。

船队从那里折向北航行，1498年4月，来到肯尼亚的马林迪。在这里，达·伽马一行受到马林迪酋长的热情接待，酋长还为他们提供了一名理想的导航者。在那位阿拉伯航海家的指引下，达·伽马的船队从马林迪启航，横渡浩瀚的印度洋之后，于5月20日到达印度南部的大商港卡利卡特。而该港口正好是半个多世纪以前，我国著名航海家郑和所经过和停泊的地方。

达·伽马在这里树立了一根显示葡萄牙权力的标柱，结果遭到当地人的强烈抵制，而那些长期垄断这里贸易的阿拉伯商人，也把他们视作自己的竞争对手，并逼迫他们离开。

1498年8月，达·伽马在购买了大批的香料、丝绸、宝石和其他东方特产后，就匆匆返航了。第二年9月，达·伽马一行回到首都里斯本，受到了葡萄牙全国上下的隆重欢迎。据说，达·伽马此次航行带回来的东方珍品的价值是全部航行费用的60多倍。达·伽马因此被誉为"葡萄牙的哥伦布"。

达·伽马的航行标志着西欧直通印度的新航路开辟成功，这对欧、亚两洲商业和航运业的发展起到了巨大的促进作用，但同时也成为欧洲殖民者对东方国家进行殖民掠夺的开端。在以后的几个世纪里，由于西方列强接踵而来，印度洋沿岸各国以及西太平洋各国相继沦为殖民地和半殖民地。自16世纪后，葡萄牙首都里斯本很快成为西欧的海外贸易中心，欧洲其他一些国家也相继富强起来。正因为如此，西方人直至400年后的1898年，仍念念不忘达·伽马对开辟印度新航道的贡献而举行大规模的纪念活动。

坚定的信念

达·伽马率领的船队已经30多天没有见过陆地了。一个船员问达·伽马说："船长，我们能见到陆地吗？"达·伽马坚定地说："会看见的！困难总是不期而遇，我们应该努力克服。"这天晚上刮起了狂风，这个船员又对达·伽马说："船长，还是掉转回航吧！否则，我们会没命的！"达·伽马听了很生气，他大声说："我们要相信自己一定会克服这暂时的困难！"果然，93天后，船队终于迎来了一片崭新的大陆。

首次环球航行

The First Global Voyage 首次证明地球是球体

麦哲伦环球航行首次证实了地圆说的正确性，把业已开始的地理大发现推到了最高潮。恩格斯曾对此作了高度概括："世界一下子大了差不多十倍；现在展现在西欧人眼前的，已不是一个半球的四分之一，而是整个地球……"

麦哲伦

美洲大陆发现后，为获取更多的黄金、香料，西班牙航海者继续寻找新的黄金宝地。1513 年，巴尔波亚从北向南穿越了巴拿马海峡，在山顶望见太平洋水面，称之为"大南海"。这一发现为麦哲伦的环球远航开辟了道路。

受地圆学说的影响，麦哲伦一直热衷于向西航行。1517 年，麦哲伦的环球航行的计划得到西班牙国王的批准。1519 年 8 月，麦哲伦率领一支由 270 人、5 艘船只组成的浩浩荡荡的船队，从西班牙塞维利亚城的港口出发，开始了环球远洋探航。

经过 2 个多月的海洋漂泊，船队越过大西洋来到巴西海岸。船队沿海岸向南继续航行，在 1520 年 1 月来到了一个宽阔的大海湾。大家以为已到达了美洲的南端，可以进入新的大洋了。然而随着船队在海湾中的前进，发现海水变成了淡水，原来此处只是一个宽广的河口。

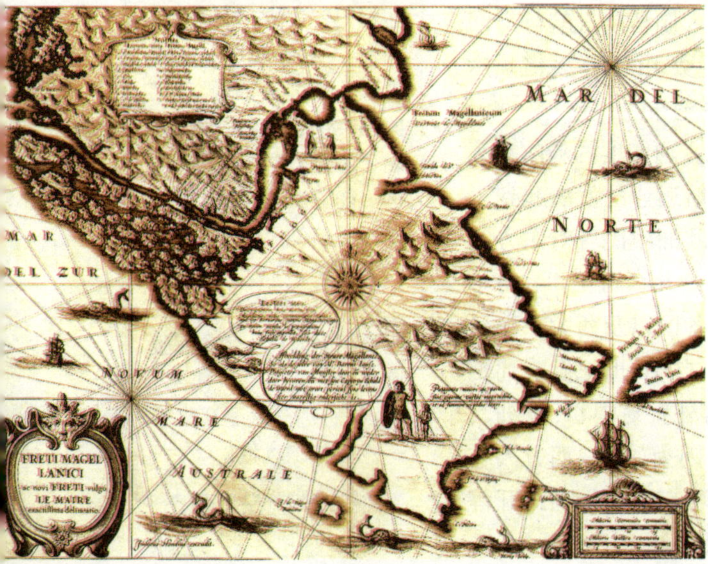

船队继续向南前进。南半球与北半球的季节刚好相反，3 月的南美洲已临近冬季，风雪交加，航行极其困

麦哲伦海峡

图中是位于菲律宾马克坦岛北岸海滨的椰林中的麦哲伦纪念碑。纪念碑于 1866 年建立,是为了纪念麦哲伦死去的地点。这座纪念碑的碑文既有对菲律宾人民抗击殖民者的英雄的颂扬,又有对麦哲伦死亡的记载和对他环球航海的肯定。这座对历史人物同时褒贬的纪念碑,可以说在世界上绝无仅有。

难。月底,船队来到圣胡利安港,并在这里抛锚过冬。

经过近 5 个月的休整,到了风和日丽的 8 月,麦哲伦又率领船队出发了。由于有 1 艘船在 5 月份的探航中沉没,此时只剩下 4 条船了。2 个月后,船队在南纬 52°处又发现了一个海口。这个海峡弯弯曲曲,忽窄忽宽,波涛汹涌。麦哲伦派出 1 艘船去探航,然而这艘船却调转船头逃回了西班牙。麦哲伦只好率领剩下的 3 条船像钻迷宫似地在海峡中摸索着前进。麦哲伦以坚强的意志率领船队前进。在这个海峡迂回航行 1 个月后,他们终于走出海峡西口,见到了浩瀚的大海。为了纪念麦哲伦这次探航的功绩,后人把这条海峡命名为"麦哲伦海峡"。船队在这片大洋中航行了 3 个多月,海面一直风平浪静。因此,他们就为它取了个名字叫"太平洋"。

此时,船队已濒临水尽粮绝的危险,疲乏虚弱的船员们忍受着饥饿的折磨,但麦哲伦还是下了决心——进行横渡太平洋的伟大航行。

借助于秘鲁洋流的推动,1521 年 3 月初,船队终于来到了富饶的马里亚那群岛,受到当地居民的热情款待。3 月底,船队又来到了菲律宾群岛。为征服这块盛产香料的富饶土地,满怀野心的麦哲伦企图利用当地部族间的矛盾来达到他的目的,然而在一次与当地部族的冲突中,他被人杀害了。

麦哲伦死后,其他船员便分别乘剩下的 2 条船,在埃尔卡诺的带领下,逃离菲律宾。他们越过马六甲海峡进入印度洋,途中,又被葡萄牙海军俘去 1 只船,只剩下"维多利亚"号。1522 年 9 月 6 日,"维多利亚"号上载着 18 名船员回到西班牙,终于完成了首次环球航行,在人类历史上留下了辉煌的一页。

勇往直前

1520 年 10 月 18 日这天,麦哲伦的船队行驶在南美洲海岸的南部,麦哲伦宣布说:"如果再找不到海峡入口,我们就改航。"船队前进了 3 天,麦哲伦发现了一个通向西方的狭窄入口,他命令船队向通道前进。海峡越来越窄,没有人知道再往前走面临的是死亡还是希望,但是麦哲伦依然坚定地勇往直前。11 月 28 日,船队终于闯出了海峡,找到了从大西洋通向太平洋的航道,麦哲伦和船员们激动得热泪盈眶!这个海峡后来被名为麦哲伦海峡。

厄尔尼诺

El Nino 灾难的代名词

厄尔尼诺是指一种全球范围内气候反常的现象。它原本是一个普通的气候学名词，但是它常常与诸如森林大火、暴雨、暴雪、干旱、洪水等众多气候现象联系在一起，所以，在人们眼中，厄尔尼诺几乎成了灾难的代名词。

在全球性的气候异常中，有一种现象越来越引起科学家和全人类的普遍关注，这就是厄尔尼诺。这种现象已经有几千年的历史了，但是对它的发现和记载仅是19世纪初才开始的事情。厄尔尼诺在气象学中的使用起源于南美的秘鲁以及智利沿海海域。

100多年前，这些地区的人注意到：每年从圣诞节起至第二年的3月份都会出现一种异常现象，其表现是海水表面温度异常升高，雨量增加，海面上很多鱼都死了，吃鱼的鸟也死了，地区气温也会出现明显的变化。3月份以后，暖流消失，水温逐渐变冷，当地渔民就将这种现象称为"厄尔尼诺"，其原意为"圣婴"，即圣诞节时诞生的男孩。

厄尔尼诺原意为"圣婴"。

厄尔尼诺现象导致的洪水淹没村庄。

厄尔尼诺发生时总是给人类带来灾难。由于海水温度升高，海洋生态环境遭到破坏，大量海洋生物因此死亡。在海岸带，原来炎热的地区温度骤降，原来寒冷的地区温度骤升；多雨地区发生罕见的旱灾，而干旱地区则连日暴雨。

它会使整个热带地区的风向和洋流发生改变，犹如产生了一股魔鬼般的搅动，从而导致全球大气环境和气候的变异，导致旱涝灾害猛增，暴风雪肆虐，酷热难挡等。现在，我们所说的厄尔尼诺现象就是指数年发生一次的海水增温现象向西扩展、整个赤道东太平洋海面温度升高的现象。

在 20 世纪 60 年代，很多科学家都认为厄尔尼诺是区域性问题，它主要影响太平洋东部的南美沿海地区和太平洋中部的澳大利亚沿海地区。然而 20 世纪 80 年代以后，通过气象卫星的观测发现，厄尔尼诺在世界很多地方都出现。海水表面温度每升高 1℃，海水上空的大气温度就会升高大约 6℃，这样大气环流就会出现异常，严重影响世界各地的气候。

令人忧虑的是，厄尔尼诺现象的出现越来越频繁。原来人们认为这种现象为 5 年、7 年乃至 10 年来临一次，后来又以 3~7 年为周期出现。自从 20 世纪 90 年代以来，每两三年就降临一次。不仅如此，随周期缩短而来的是厄尔尼诺现象滞留时间的延长。这一现象引起了科学家们的注意，他们普遍认为，厄尔尼诺现象的频频发生与地球变暖有关，其变化表明，厄尔尼诺现象并不仅仅是天灾。

尽管关于厄尔尼诺发生的原因在科学界尚无定论，但是人类并未在它面前听天由命、无所作为，人们对它的预测水平已经有了很大的提高。

1986 年，国外科学家成功地提前 1 年预报了厄尔尼诺现象的来临，并积极探索温室效应与厄尔尼诺现象之间的联系。由此，我们可以大胆预言，人类终将能解开这一肆虐人类的大自然之谜，并找出办法，避免它的危害。

邪恶的妹妹

科学家们发现，厄尔尼诺现象发生之后，总会出现与其相反的气候现象，人们称它为拉尼娜现象。拉尼娜现象虽然危害不及厄尔尼诺严重，但也会给人类造成相当大的危害。拉尼娜现象也是每隔几年出现一次，是东太平洋沿着赤道酝酿出的不正常低温气流，导致气候异常，它的发生频率一般比厄尔尼诺现象低。

厄尔尼诺示意图

正常的大气环流

信风从东向西吹动

西太平洋海域水温升高

深层海水涌到海面

正常年份

反常的大气环流

暖水域从西向东移动

东部信风减弱

暖水域形成

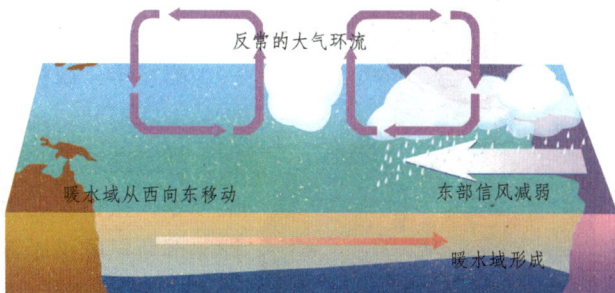

厄尔尼诺期间

大陆漂移学说

Continental Drift 地球的革命

有人在很早以前就注意到这样一个有趣的现象：大西洋两岸，特别是非洲西海岸与南美洲东海岸轮廓线十分相似。南美洲大陆凸出的部分几乎能和非洲大陆凹进部分相吻合。这仅仅是巧合吗？德国地球物理学家魏格纳的大陆漂移学说为我们做出了合理的解释。

1620 年，英国哲学家培根在地图上观察到，南美洲东岸和非洲西岸可以很完美地衔接在一起。遗憾的是，他只是将自己关于两块大陆的想法说了出来，而没有试图去寻找证据来证实两岸曾经是相连的。在培根之后将近 300 年的时间里，没有一个人认真思考过为什么大洋两岸的陆地竟可以严丝合缝地拼在一起。最终，历史将荣誉授予了一位德国人。

1910 年的一天，年轻的德国气象学家阿尔弗雷德·魏格纳身体欠佳，躺在病床上，百无聊赖之中，他的目光落在墙上的一幅世界地图上，他意外地发现，大西洋两岸的轮廓竟是如此相对应，特别是南美洲东端的凸出部分，与非洲西岸凹入大陆的几内亚湾非常吻合。自此往南，巴西海岸每一个凸出部分，恰好对应非洲西岸同样形状的海湾；相反，巴西海岸的每一个海湾，在非洲西岸就有一个凸出部分与之对应。他的脑海里突然浮出这样一个念头：从前非洲大陆与南美洲大陆之间没有大西洋，它们是不是曾经粘连在一起，到后来才破裂、漂移而分开的？

第二年，魏格纳开始搜集资料，通过大西洋两岸的大陆形状、地质结构、古生物等的相似性来验证自己的设想。他考察了大西洋两岸的山系和地层，结果令人振奋：北美洲纽芬兰一带的褶皱山系与欧洲北部斯堪的纳维亚半岛的褶皱山系遥相呼应，暗示了北美洲与欧洲以前曾经"亲密接触"；美国阿巴拉契亚山的褶皱带，其东北端没入大西洋，延至对

阿尔弗雷德·魏格纳

岸，在英国西部和中欧一带又出现；非洲西部的古老岩石分布区可以与巴西的古老岩石区相衔接，而且二者间的岩石结构、构造也彼此吻合；与非洲南端的开普勒山脉的地层相对应的是南美的阿根廷首都布宜诺斯艾利斯附近的山脉中的岩石。

随后，魏格纳又考察了大量岩石中的化石、古代冰川的遗迹、珊瑚礁等古气候标志，所有这些都支持他的想法。有了充分的证据，1915年，魏格纳审慎地将自己的科学研究成果——《海陆的起源》——呈现给世人。在这部巨著中，魏格纳系统地阐述了大陆漂移理论。该理论认为，在2亿5000万年以前，目前分成各个洲的古代大陆是连在一起的，并且是唯一的，它称为"泛大陆"，那时还没有大洋。以后，完整的泛大陆开始四分五裂，分裂的大陆之间才出现了海洋，逐渐形成了现在的七大洲。

魏格纳的学说成了超越时代的理念，一经提出，就在地质学界引起轩然大波，大部分人都不承认这一新的学说，为此，魏格纳在反对声中继续为他的理论搜集证据，直到生命的终点。

魏格纳去世30年后，板块构造学说席卷全球，人们终于承认了大陆漂移学说的正确性。1968年，法国地质学家勒比雄在前人研究的基础上提出六大板块的主张，很好地解决了魏格纳生前一直没有解决的漂移动力问题。大陆分久必合、合久必分，海洋时而扩张、时而封闭，已成为人们接受的地壳构造图景。到了20世纪80年代，人们已经完全相信大陆漂移说的提出开创了地球科学史上的一次伟大的革命。直到今天，人们还在纪念魏格纳，纪念他毕生寻求真理和不惜献身的科学精神。

联合古陆
泛大洋

约2.2亿年前的地球

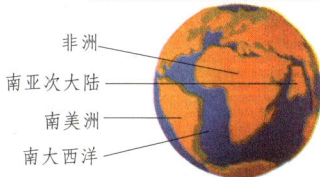

劳亚古大陆
特提斯海
冈瓦纳大陆
南亚次大陆

约2亿年前的地球

非洲
南亚次大陆
南美洲
南大西洋

约1.35亿年前的地球

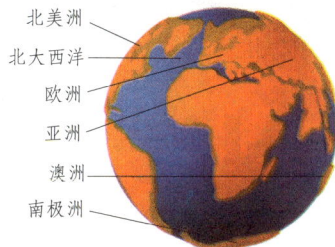

北美洲
北大西洋
欧洲
亚洲
澳洲
南极洲

约1000万年前的地球

在冰雪中永生

1930年4月，魏格纳率领一支探险队，迎着北极的暴风雪，第4次登上格陵兰岛进行考察，在零下65℃的严寒下，大多数人失去了勇气，只有他和另外2个追随者继续前进，终于胜利到达了中部的爱斯密特基地。11月1日，他在庆祝自己50岁的生日后，冒险返回西海岸基地。在白茫茫的冰天雪地里，他失去了踪迹。第二年4月，人们才发现他的尸体。他已经冻得像石头一样，与冰河浑然一体了。

黄金分割

The Golden Ratio 完美的数学比例关系

智
慧
之
光

0.618，一个极为迷人而神秘的数字，它有着一个很动听的名字——黄金分割数。至少在 2400 年前，古希腊数学家就在研究黄金分割率。

希腊的毕达哥拉斯和他的学派在数学上有很多贡献，著名的黄金分割就是他在公元前 6 世纪发现的。

一天，毕达哥拉斯从一家铁匠铺路过，被铺子中那有节奏的丁丁当当的打铁声所吸引，便站在那里仔细聆听，似乎这声音中隐匿着什么秘密。他走进作坊，拿出尺子量了一下铁锤和铁砧的尺寸，发现它们之间存在着一种十分和谐的关系。回到家里，毕达哥拉斯拿出一根线，想将它分为两段。怎样分才最好呢？经过反复比较，他最后确定按照 1：0.618 的比例截断最优美。

后来，德国的美学家泽辛把这一比例称为黄金分割律。它具有严格的比例性、艺术性、和谐性，蕴藏着丰富的美学价值，应用时一般取 0.618。这个定律的意思其实是一个数字的比例关系，即把一条线分为两部分，此时长段与短段之比恰等于整条线与长段之比，即 1：0.618=1.618：1，也就是说长段的平方等于全长与短段的乘积。

如今，黄金分割在实际生活中的应用中非常广泛。作为一种重要形式美的法则，黄金分割已成为世代相传的审美经典规律，至今不衰！

毕达哥拉斯在沙土上画出最完美的比例。

歌德巴赫猜想

Goldbach's Conjecture 数学皇冠上的明珠

歌德巴赫猜想是世界近代三大数学难题之一。它自1742 年提出以来，始终都没有人能够完全证明它。歌德巴赫猜想由此成为数学皇冠上一颗可望而不可及的"明珠"。

歌德巴赫于 1690 年出生于德国加里宁城，是一个中学教师。一次偶然的机会，他喜欢上了数学研究。后来，他移居莫斯科，并在俄国外交部任职。

1742 年，歌德巴赫在研究一个数学计算时，发现了数字间的一个秘密：每个不小于 6 的偶数都是 2 个素数（只能被它本身整除的数）之和。如 6 = 3 + 3，12 = 5 + 7……

这一年歌德巴赫 52 岁。他非常兴奋地将这一消息写信给当时的大数学家欧拉，并提出了以下的猜想：

（a）任何一个大于等于 6 之偶数，都可以表示成 2 个奇质数之和；

（b）任何一个大于等于 9 之奇数，都可以表示成 3 个奇质数之和。

这就是歌德巴赫猜想。欧拉收到信后，很快就给歌德巴赫回了信。信中说，他相信这个猜想是正确的，但他不能证明。

叙述如此简单的问题，连大数学家欧拉都不能证明，这引起了许多数学家的注意，这一猜想也一举成为公认的世界难题。直到现在，许多数学家仍在努力攻克它，但都没有成功。曾经有人做了具体的验证工作，例如：6=3+3，8=3+5，10=5+5=3+7……有人对 3.3×10^9 以内且大过 6 之偶数一一进行验算，歌德巴赫猜想（a）都成立，但严格的数学证明尚待数学家们继续努力。

"数学王子"陈景润

陈景润最喜欢上数学课。一天，老师给同学们讲了一个数学故事，他说："200 年前，德国数学家歌德巴赫提出了'任何一个偶数均可表示 2 个素数之和'（简称 1 + 1）。连数学家欧拉都没有证明出来。后来，这一世界难题吸引了很多数学家，但都没有结果……"陈景润瞪着眼睛，听得入了神，这个故事像一个美丽的光环，使他产生了浓厚的兴趣。从此，他如饥似渴地阅读、学习，终于在攻克歌德巴赫猜想方面作出了重大贡献，大家都亲切地称他为"数学王子"。

勾股定理
Pythagorean Theorem 几何学的基石

勾股定理是几何学中一颗光彩夺目的明珠，被称为"几何学的基石"，而且在高等数学和其他学科中也有着极为广泛的应用。勾股定理在世界数学史上具有非常独特的地位，其"形数统一"的思想方法，在科学史上更具有创新的重大意义。

毕达哥拉斯

勾股定理手稿

勾股定理在西方被称为毕达哥拉斯定理，相传是古希腊数学家兼哲学家毕达哥拉斯于公元前 550 年首先发现的。其实，我国古代就发现和应用了这一定理，远比毕达哥拉斯早得多。我国古代数学家称直角三角形为"勾股形"，较短直角边称为"勾"，较长直角边称为"股"，斜边称为"弦"，所以这一定理被称作"勾股定理"。

我国是最早发现勾股定理的国家，但是我们的祖先率先发现这一几何宝藏并非是一蹴而就的，而是通过长期地测量，经历了漫长的岁月才发现的。

我国的几何起源很早。据考古发现，10 万年前的河套人就已在骨器上刻有菱形的花纹；六七千年前的陶器上已有平行线、折线、三角形、长方形、菱形、圆等几何图形。随着生活和生产的需要，越来越多的几何问题摆在我们祖先面前。

我国战国时期的一部古籍——《路史后记十二注》——中记载："禹治洪水，决疏江河，望山川之形，定高下之势，除滔天之灾，使注东海，无漫溺之患，此勾股之所系生也。"这段话的意思是说：大禹为了治理洪水，使不决流江河，根据地势高低，决定水流走向，因势利导，使洪水注入海中，不再有大水漫溺的灾害，是应用勾股定理的结果。在《周髀算经》中，表明大禹已经知道用长为 3∶4∶5 的边构成直角三角形。

到了商代，我国的测量技术及几何水平达到了一定高度。在《周髀算经》中就记载了勾股定理的一个特例，相传是商代一个叫商高的数学家发现的。商高是周公姬旦的朋友，姬旦称他"善数"，两人常在一起讨论数学。一天，周公问商高说："我知道您对数学非常精通，我想请教一下：天没有梯子可以上去，地也没法用尺子去一段一段丈量，那么怎样才能得到关于天地的数据呢？"商高回答说："数的产生来源于对方和圆这些形体的认识。其中有一条原理：当直角三角形较短的一条直角边'勾'等于 3，另一条较长的直角边'股'等于 4 的时候，那么它的斜边'弦'就必定是 5。这个原理是大禹在治水的时候就总结出来的啊。"从商高的回答中，表明早在 3000 年前，我们的祖先就已经知道"勾三股四弦五"这一勾股定理的特例了。

在稍后一点的《九章算术》一书中，勾股定理得到了更加规范的一般性表达。书中的《勾股章》说："把勾和股分别自乘，然后把它们的积加起来，再进行开方，便可以得到弦。"当代中国数学家吴文俊说："在中国的传统数学中，数量关系与空间形式往往是形影不离地并肩发展着的……17 世纪笛卡儿解析几何的发明，正是中国这种传统思想与方法在几百年停顿后的重现与继续。"

勾股定理是一个基本的几何定理，传统上认为是由古希腊的毕达哥拉斯所证明。据说毕达哥拉斯证明了这个定理后，即斩了百头牛作庆祝，因此又称"百牛定理"。

"总统证法"

1876 年一个周末的傍晚，有一位中年人正在散步，他忽然发现路旁有两个小孩在地上画了一个直角三角形，就好奇地走过去。一个小男孩问道："先生，如果直角三角形的两条直角边分别为 3 和 4，它的斜边长是多少呢？"中年人答道："是 5 呀！"小男孩说："为什么？"中年人一时语塞，他没有再散步，而是立即回家，投入到这个问题的研究中，后来，终于给出了简捷的证明方法。这个中年人就是后来的美国第 20 任总统伽菲尔德，人们为了纪念他，把这一证法称为"总统证法"。

π的精确历程

The Evolvement of Pi 揭开圆周率的神秘面纱

> 圆周率是一个极其著名的数。自从人类偶然发现圆周比直径跟圆的大小无关，而是一个普遍的常数时，就开始踏上追寻圆周率π的旅程。为求得圆周率的值，几千年来，一代代数学家们将此作为奋斗目标，献出了自己的智慧和劳动……

🌿 刘徽是我国古代伟大的数学家，他的《九章算术注》和《海岛算经》，是我国最宝贵的数学遗产。

从 有文字记载的历史开始，圆周率就引起了人们的兴趣。公元前250年，阿基米德在求圆弧长度时，提出圆内接多边形和相似圆外切多边形，当边数足够大时，两多边形的周长便一个由上，一个由下地趋近于圆周长。他先用六边形，以后逐次加倍边数，到了九十六边形时，求出了π的估计值介于3.14163和3.14286之间。这是世界上第一次提出圆周率的科学计算方法。到公元前5世纪，希腊已将圆周率精确到3.1416，这在当时世界上是领先的。

公元前1世纪，我国第一部数学算书《周髀算经》中就记载了"周三径一"这一结论。后人称之为"古率"，即圆周长是直径长的3倍。但是，人们发现它的误差太大，就改为"圆径一而周三有余"，可是到底余多少，却没有精确的说法，于是不断有人尝试去修正和精确圆周率π的具体数值。除了我国，古代还有许多国家也取圆周率为3，如埃及、巴比伦、印度、日本等，在《圣经》中也有记载。

在求π值的精确度上，我国曾一度领先世界，创造辉煌。我国最早对π进行修正是在公元1～5年，汉代王莽时期的刘歆得到的圆周率是3.15466，这个圆周率虽然不够精确，但这却是一个勇敢的尝试。

魏晋时期，数学家刘徽在为《九章算术》做注时，创立了新的推算圆周率的方法——割圆术。割圆术就是在圆内接正六

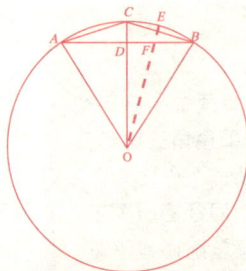

🌿 刘徽的割圆术图

边形，然后使边数逐倍增多，因为圆内接正多边形无限多时，其周长极限即为圆周长，面积即为圆面积。他算到正一百九十二边形时，求得圆周率为 3.14 的近似值。后来人们便将 3.14 叫作"徽率"。

祖冲之

到了南北朝时期，著名数学家祖冲之对圆周率进行了深入的研究，他将圆周率精确到了小数点后 7 位，推出 3.1415926 < π < 3.1415927。这个值是怎么算出来的？至今无人知晓。但无论用什么方法，在当时的条件下，能算出精确到 7 位小数的圆周率绝非易事。正因为此，这一结果不但在当时是最精密的圆周率，而且保持世界记录 900 多年，直到 15 世纪才由中亚的阿尔·卡希打破，他得到了精确到小数点后 16 位的π值。而此时已经有阿拉伯数字进行笔算了。

17 世纪，瓦里斯给出了圆周率的有理式或极限形式。范瑟朗给出精确到 35 位小数的圆周率。1853 年，番克斯计算π值，精确度达到小数 607 位。

电子计算机出现以后，π的计算工作有了更大进展。1949 年美国赖脱威逊用 ENIAE 计算机工作 70 小时求得π的 2034 位小数值。现在有人已计算到上亿位，甚至 10 亿位。

其实，把圆周率的数值算得这么精确，实际意义并不大。现代科技领域使用的圆周率值，有十几位已经足够了。

1761 年，兰伯特证明了圆周率是无理数。19 世纪末，林德曼证明了圆周率是超越数之后，圆周率的神秘面纱就被揭开了。

圆周率破案

一天，数学家伽罗华的朋友鲁柏被小偷刺死，家里的钱财被洗劫一空。警察勘察现场时，鲁柏手里捏着半块没有吃完的苹果馅饼。看门人说出事前后，一直没有人进出公寓，凶手应该就在这座公寓。可到底谁是凶手呢？伽罗华忽然想到：馅饼，英文里的读音是"派"——3.14，难道杀害鲁柏凶手的房间号是 314？他问了看门人，才知道 314 房间的客人米赛尔昨天就匆匆离开。他立刻把这一情况报告给了警察，米赛尔很快被捉拿归案，果然，他就是杀害鲁柏的凶手。

阿基米德在求圆弧长度时用六边形求出了π的估计值介于 3.14163 和 3.14286 之间。这是世界上第一次提出圆周率的科学计算方法。到公元前 5 世纪，希腊已将圆周率精确到 3.1416，这在当时世界居于领先地位。

0 的发现

Invention of Zero **真正触摸到无限的世界**

人们开始创造数字的时候，并没有自动包含0的符号，而是在0的地方留一个空位。0是一个关联着有无的重要数字，在数学中，它有着不可替代的作用。0的发现，使人类真正触摸到了世界的无限性，触摸到了无穷无尽的万事万物。

托勒密，古希腊地理学家、天文学家、数学家。长期进行天文观测。他是最早使用扁圆0的人。

0是位值制记数法的产物。很久以前，当人们采用这种记数法遇到空位的时候，就会采用不同的方式来表示它的存在。世界上较早采用位值制记数法的有巴比伦、玛雅、印度和中国等，这些地区和民族都对0的产生和发展作出过自己的贡献。

世界上最早采用十进制记数法的是中国人。"0"这个符号之所以会产生，最初其实也并不是为了表示"无"，而是为了弥补十进制值记数法中的缺位。

从公元7世纪起，中国开始采取用"空"字来作为0的符号。但是，中国古代的零是圆圈○，并不是现代常用的扁圆0。现在普遍使用的包括"0"在内的阿拉伯数字是在13世纪的时候从西方传入中国的，而那时中国的○已经使用100年了。

0的发现对数学的发展有着非常重大的意义，它就像一层台阶一样，人们以前在平地上走来走去，而现在可以沿着台阶走上去，从高处饱览整个数字世界的奇妙景象。这是人类文明发展史上的一个重大转折。0 的发现使人类在数的空间以及与这空间相应的思维空间里站立了起来。

0 作为一个实数，它使除自身外的其他所有实数都具备了无限的伸缩性；从 0 向前排列，可以得到数的无限递增，从 0 向后（小数点）排列，可以得到数的无限递减。当然，0 毋庸置疑是虚无的。因为它无法离开实数成为一种独立的存在。但是，0 的无限性，或者说空间性恰恰也就在于它的虚无性上。

希腊的托勒密是最早采用这种扁圆 0 的人，由于古希腊数字是没有位值制的，因此 0 并不是十分迫切的需要，然而当时用于角度上的 60 进位制，则很明确地以扁圆 0 号表示空位。可是，托勒密的 0 并没有作为数参加运算，也没有单独使用的情况。

最先把 0 作为一个数参加运算的是印度人。他们在很早的时候就采用了十进位值计数法。空位最开始是用空格表示的，后来为了避免看不清带来的麻烦，就在空格上加一个小点，如用 5·8 表示 508。

公元 876 年，在印度的瓜廖尔地方发现了一块石碑，上面的数字和现代的数字很相似，这可能是由小点发展为小圈 0 表示零的最早证据。印度人承认 0 是一个数并用它参加运算可以说是对 0 的发现的更为重要的贡献。

后来，历经了漫长的岁月，印度数字传入了阿拉伯，并发展成为现今我们所用的阿拉伯数字。但直到 1202 年，意大利数学家斐波那契才把这种数字（包括 0）传入欧洲，现代的 0 的概念和阿拉伯数字中的 0 才逐渐流行于全世界。

斐波那契，又称比萨的列奥纳多（1175～1250），意大利数学家，西方第一个研究斐波那契数，并将现代书写数和乘数的位值表示法系统引入欧洲。

名人名言

0 不只是一个非常确定的数，且它本身比其他一切被它所限定的数都更重要，事实上，0 比其他一切数都有更丰富的内容。

——恩格斯

玷污上帝的 "0"

说起 0 的由来，还有一段令人气愤的故事。大约在公元 7 世纪，一位罗马学者从印度记数法中发现了 "0" 这个符号，他十分高兴，逢人就说这是个好办法，并把印度人使用 0 的方法作了介绍。不久，事情被罗马教皇知道了，教皇大发雷霆地说："神奇的数是上帝创造的，在上帝造的数中没有 0，它是一个异物！谁如果将它引进来，就是玷污上帝！"后来，教皇传旨把这位学者抓了去，对他施行了用刑具夹手指的残酷刑罚。

万物原理

浮力定律
Archimedes' Principle 澡盆里的发现

　　浮力定律作为经典力学最古老的定律之一，它的发现与应用是人类认识自然、驾驭自然的一大进步，它使人类对自然界中的流体应用，从被动的、无意识的状态变成主动地、有目的地应用，从而造福人类。

浮力定律来源于2000多年前古希腊最伟大的科学家阿基米德从洗澡中获得的灵感。

　　传说，有一次，大学者阿基米德在众目睽睽之下光着身子从澡堂里飞奔而出，欢呼雀跃，兴奋地高喊："我发现了！我发现了！"

　　原来，叙拉古国王命令金银匠做了一顶纯金的王冠。新王冠做得精巧、漂亮，国王非常高兴，但他怀疑工匠偷了部分黄金，在王冠中掺了假。为了检验工匠是否在黄金中掺进了廉价的金属，国王请阿基米德来做鉴定，但是不能损坏王冠。

🌸 阿基米德

　　阿基米德接受了这个任务。但好几天过去了，他也没有想出什么好主意。有一天，他去洗澡，刚躺进盛满温水的浴盆时，水便漫溢出来，而他则感到自己的身体在微微上浮。他脑子灵光一闪，便猛地从澡盆里跳出来，来不及穿上衣服就狂奔回

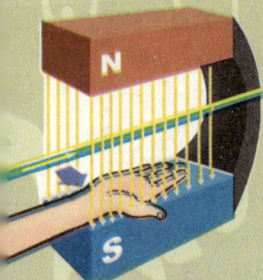

🌸 阿基米德在洗澡时发现了浮力定律。

给我一个支点，我就可以撬动整个地球！

家。在得出了正确结论后，他来到国王面前，把盛满水的一个盆子放在一只大盘子里，又叫国王拿出一块与皇冠同重的黄金和两只大小一样的杯子。然后，阿基米德将王冠放在盆子里，将溢出的水装进一只杯子里。然后用同样的方法把黄金溢出来的水装进另一只杯子里，两只杯子里的水很显然一只多一只少。说明王冠不是纯金的。

原来，阿基米德利用了物质的密度、体积和重量的相互关系，同一物质的密度是固定的，即重量与体积之比是一个确定的数。这样，如果王冠是纯金的，它所排出的水应该与同质量纯金所排出的水的体积一样，如果不一样，那么王冠里肯定掺了其他金属。

阿基米德辨别王冠的故事仅是一个传说，但他研究物体所受浮力的规律并发现了浮力定律却是千真万确的。他把密度不同的物体放入水中后发现：密度和水相同的物体会完全浸入水中，但不会沉入水底；密度大于水的物体一直下沉至容器底部；密度小于水的物体总是浮在水面上。阿基米德分别采用了密度不同的物体——木块、蜡块、石块、铁块、铜块、金块等，放入水中反复做试验，所得的结果是完全一致的：它们的重量都和所排开的水的重量相等。

阿基米德意识到这是一个普遍规律，于是把研究结果写进《论浮力》中。在书中，他明确地表述了浮力定律，并用严密的逻辑推理对浮力定律进行了证明。他指出：浸在液体中的物体受到向上的浮力，浮力的大小等于它所排开液体的重量。这就是著名的浮力定律。为纪念这位伟大的科学家，人们把浮力定律命名为阿基米德定律。

国王的告示

有一年，叙拉古国王为埃及王制造了一条大船。这条船体积庞大，但因非常沉重，不能起动下水，所以就长久地搁浅在岸边。阿基米德为此专门设计了一套复杂的杠杆滑轮系统，安装在船上，将绳索的一端交到国王的手上。就在国王拉动绳索时，奇迹出现了！大船缓缓地向前挪动，顺利地滑入水里。国王惊讶之余，十分佩服阿基米德，并派人贴出告示："今后，无论阿基米德说什么，都要相信他。"

75岁的阿基米德正在家里潜心研究深奥的数学问题，在沙盘上画了一个"单位圆"……残暴的罗马士兵闯入，践踏了他画的圆形，阿基米德悲愤地叫喊："不要动我的圆！"无知的罗马士兵举起短剑一挥，璀璨的科学巨星就此陨落。

大气压
Atmospheric Pressure 促进流体力学的发现

我们所居住的地球被一层厚厚的大气包围着,但是在意大利物理学家托里拆利的实验公布之前,那时的人们谁也不知道大气还有压力。大气压的发现对科学技术的发展和社会生活的进步都有着十分重要的意义。

托里拆利

公元 17 世纪,欧洲的一些矿井里已经使用活塞式抽水机抽出矿井里的积水。按照古希腊亚里士多德"自然界厌恶真空"的原理,当抽水机活塞提上来时,水就跟上来赶走活塞下面的真空,抽水时水被提上来的高度应是无限的。但在实践中人们却发现,在超过 10 米深的井里,抽水机无论如何也不能将水抽上来。

人们向意大利著名科学家伽利略请教,伽利略认真思考后说真空是有阻力的,抽水机中水柱的高度正好是这个阻力的量度,但这个结论仅仅停留在猜想的层次。当时,伽利略已经双目失明,无法亲自验证,只好把工作交给他的学生托里拆利来完成。

伽利略去世不久,托里拆利就开始研究抽水机为什么不能从超过 10 米深的井里把水抽上来的问题。他相信老师的猜想是正确的。1643 年,托里拆利和伽利略的另一个学生维维安尼做了一个实验。他们给长 122 厘米、一端封闭的玻璃管里充满水银,用手堵住管口将其倒转过来放入水银槽中,松开手后管中水银下降了一段,当水银柱静止时测量它的高度是 76 厘米。他们把玻璃管向不同方向

托里拆利在做大气压实验。

🌺 右图为意大利数学家及物理学家托里拆利所做的一个著名实验——水银气压计原理实验。

倾斜，但无论怎样水银柱的高度始终保持76厘米。这时候托里拆利给水银槽上部注满水，然后把玻璃管徐徐提起。当管口一离开水银的时候，管内的水银就全部流了出来，然后水进入管内充满了整个管子。托里拆利由此断定，玻璃管中水银柱上端的那段空隙是真正的真空，否则水就不会充满整个管子。

经过进一步分析，托里拆利得出结论：空气压迫水银槽液面是产生这一现象的根源。由于玻璃管上端形成了真空，所以空气的压力就把水银压入玻璃管中，水银柱产生的压力正好等于空气的压力，这个压力就是大气压。通过这些实验，托里拆利不但获得了真空，而且发现了大气压。

托里拆利发现大气压的消息传到了法国，引起了科学家们的广泛兴趣。帕斯卡推论说："如果水银柱是被大气压支持着的，那么在海拔较高的地方，水银柱应该较短。"1648年，他的朋友沿多姆山山坡从山脚到山顶设立了若干个观察站，每个站上装一个托里拆利气压计，结果发现水银柱的高度随所处海拔高度的增加而减小，证明了帕斯卡推论的正确性。

在同一时期，德国的科学家格里克也对大气压进行了研究。他做了一个水气压计，水能升高到他住房的第三层，格里克认为水的上升是大气压的作用。通过长期的观察，他还发现水柱高度的变化与天气有关，1660年，他根据一次气压的突然下降，预报了一场大的风暴。

大气压的发现不仅促进了流体静力学的研究，而且促使人们研究空气的弹性，发现了气体的实验定律，推动了物理学理论向前发展。

🌺 **马德堡半球实验**

当托里拆利发现大气压存在时，很多人都感到不可理解，并用言语中伤托里拆利。格里克虽然远在德国，但对此很感不平，他决定公开用实验来证明大气压的存在。他用两个铜质半球，涂上油脂对接上，再把球内抽成真空，让两个马队分别拉一个半球。开始用了4匹马，马累得浑身是汗，半球却纹丝不动，直到后来用了16匹马才将两个半球拉开。围观的人们非常惊讶，大家都七嘴八舌地议论着，终于相信了大气压存在的事实。

帕斯卡定律

Pascal's Law 流体力学的基石

日常生活中我们经常会见到汽车司机用一只小巧的千斤顶轻而易举地将一辆汽车抬起来，要明白其中的奥妙就必须了解帕斯卡定律。帕斯卡定律不仅具有实用价值，而且有重要的理论意义，它是流体遵从的基本规律之一。

17世纪中期，当托里拆利发现大气压的消息传到了法国时，引起了物理学家帕斯卡极大的兴趣。受托里拆利的启发，在对大气压实验的研究过程中，帕斯卡有了新的发现。他注意到气体、液体同属流体，于是他从流体的角度看待托里拆利实验，开始研究液体的压强。

为此，他专门制作了一个适用于测量液体压强的压强计。这个压强计有一根橡皮管，一端接压强计，另一端接扎有橡皮膜的金属盒，把金属盒放入液体中便可以测量液体内部的压强。各种实验证明：水越深，压强就越大。

他惊喜地发现：在同一深度，水向各个方向的压强相等。帕斯卡又把水换成多种不同液体反复实验，得到的结论完全相同。在实验事实的基础上帕斯卡进一步发

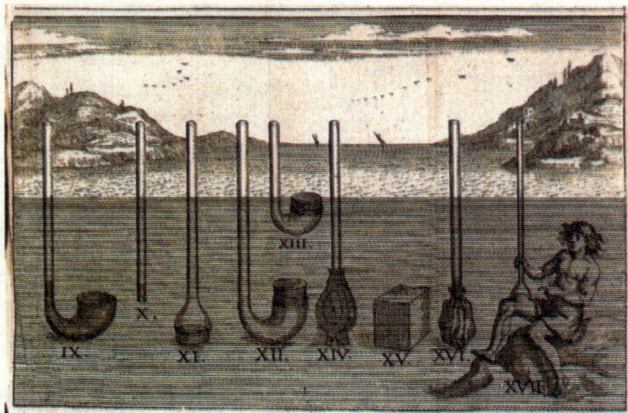

❧ 帕斯卡

现：液体内部的压强由液体的重力产生。压强的大小仅仅由液体的性质和深度决定，与液体的重量和体积无关。由此推论：重量和体积小的液体也能够产生较大的压强。

然而，对这一结论许多人都怀疑。1648 年，帕斯卡决定进行公开实验表演，许多人听到消息后赶来观看。帕斯卡将一个木桶装满水，盖子封住，在桶盖上面竖一根细长的管并把它插入桶中，然后让人站在高处往细管灌水。结果只用了几杯水，木桶被压裂了。在场的观众大为震惊，此后，大家对这一理论都确信无疑。

❧ 帕斯卡关于水的压强实验

人是为了思考才被创造出来的。

——帕斯卡

🌸 帕斯卡用来证明大气压存在的实验

之后，帕斯卡又开始了对液体中的压强传递方式的新探索，他在一个充满水的容器上竖直安装两根粗细不同的圆筒，筒里装上活塞。两个活塞放相同重量的物体时，帕斯卡发现小活塞向下运动，大活塞向上运动。要使活塞静止不动，就必须给大活塞上多放一些物体。帕斯卡反复实验，并且把实验数据做了详细的记录。

在对实验数据进行大量的数学运算后，帕斯卡终于发现：当活塞静止时两个活塞上的重量与面积的比值是相等的，这个比值正好等于液体对容器任何一部分单位面积上施加的压力。1653 年，帕斯卡在《论液体平衡》的论文中明确指出：加在密闭容器上的压强，能够大小不变地被液体向各个方向传递。这就是著名的帕斯卡定律。

可惜的是，这篇论文直到帕斯卡死后才被发表出来，这不得不说是科学界和人类社会的一个遗憾和损失。帕斯卡定律的发现，为人类制造"液体杠杆"奠定了坚实的理论基础。后人在研究帕斯卡的论文时，发现帕斯卡还曾根据这个定律提出建造"液压机"的设想，这是世界上最早的"液体杠杆"。帕斯卡预言：人类必定能够制造出一种新的机械，它可以把一个力增加到我们所选择的任何程度。他的预言在今天早已变成了现实。

🌸 禁止接触数学

帕斯卡小时候身体很弱，他的父亲觉得学数学对小孩子有害且很伤脑筋，所以禁止儿子接触数学，并把数学书都藏了起来。12岁时，帕斯卡偶然看到父亲在读几何书，就好奇地问几何学是什么，父亲说几何学可以教人做出正确又美观的图，不料帕斯卡很感兴趣，他根据父亲讲的一些简单的几何知识，自己独立研究起来。当他把发现"任何三角形的3个内角和是180°"的结果告诉父亲时，父亲竟然惊喜地哭了起来，并拿出欧几里得的《几何原理》给帕斯卡看，帕斯卡才开始接触到了数学书籍。

惯性定律

Law of Inertia 经典力学体系的基础

惯性定律打破了地上运动和宇宙空间运动的人为界限，统一了宏观与微观的运动，并提出了处理任何运动的单一模式。惯性定律是牛顿第二定律和第三定律的基础，它的发现为经典力学体系奠定了坚实的基础。人们掌握了惯性定律，就可以利用它为生产生活服务。

惯性定律也叫牛顿第一定律，它告诉人们惯性是所有物体具有的本性，它的建立具有深刻的哲学意义。历史上，对惯性定律的建立作出不可磨灭的贡献有三位大科学家。

第一位是古希腊最伟大的思想家、哲学家和科学家亚里士多德。他主张从经验出发研究事物，十分重视通过观察总结事物的规律。对于物体运动规律，他从马拉车的现象，总结出物体运动必须有一个力来维持的理论。16世纪以前，亚里士多德的这一理论一直占有统治地位，直到16世纪末期，意大利物理学家伽利略对此学说发起了挑战。

伽利略的高明之处在于把观察、实验、理性思维和数学结合在一起探讨物理问题，寻找物理学运动规律。为了寻找物体运动的规律，伽利略设计了一个斜面实验：

他让同一小车从同一斜面上的同一位置由静止开始滑下。第一次在水平面上铺上毛巾，小车在毛巾上滑行了很短的距离就停下了；第二次在水平面铺上较光滑的棉布，小车在棉布上滑行的距离较远；第三次是光滑的木板，小车滑行的距离最远。

通过对实验研究的分析，

亚里士多德

伽利略这样评论自己的斜面实验："它第一次为新的方法打开了大门，这种将带来大量奇妙成果的新方法，将会博得许多人的重视。"

🔥 右图是伽利略的运动学手稿。伽利略的伟大之处不仅仅在于他的研究和发现，更重要的是他给后人提供了一种研究思想，即用数学来描述物理规律。实际上，伽利略是第一个用数学公式表述物理规律的人。他的这种研究思想是科学史上最深刻和最有成效的思想。

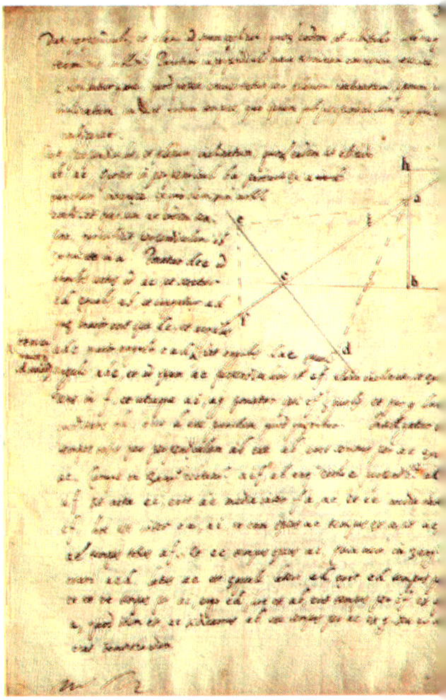

伽利略认识到运动物体受到的阻力越小，它的速度就减小得越慢，它运动的时间就越长。他由此作出了天才的设想：在理想的情况下，如果接触面绝对光滑，物体受到阻力为 0，它的速度将不会减慢，将以恒定不变的速度运动下去。伽利略这种理想化的运动，是一种科学的抽象，它更深刻地反映了事物的本质。最终，他把这个发现概括为"只要除去使物体加速和减速的外部原因，运动物体必将严格地保持它一旦获得的速度"。

这一发现在惯性定律的建立上取得了突破性进展，但这个认识并不完全，最终的惯性定律是由英国伟大的数学家和物理学家牛顿完成和精确的。

就在伽利略去世 40 多年后，牛顿在总结伽利略研究的基础上，总结出了著名的惯性定律，连同牛顿第二定律和第三定律一并发表在《自然哲学的数学原理》中，从而建立了经典力学体系。

惯性定律是牛顿三大定律中的第一定律。牛顿指出物体的质量越大，惯性也越大，质量是物体惯性大小的量度。定律内容表述为：一切物体在没有受到力的作用的时候，总保持静止状态或匀速直线运动状态。（注：一切物体在没有受到力的作用的时候分两种情况：一种是物体没有受到力，一种是物体受到了多个力，这些力互相平衡，使得合力为 0）同样，这条定律也说明了一切物体都有保持静止状态，或匀速直线运动状态的性质，我们就把物体所拥有的这种性质称为惯性，所以牛顿第一定律也称为惯性定律。

名人名言 ➡

聪明人之所以不会成功，是由于他们缺乏坚韧的毅力。

——牛顿

🔥 没有秘诀，唯有勤奋

牛顿童年时身体瘦弱，头脑并不聪明，但他做游戏的本领很高。他喜欢制作机械模型，做游戏的方法也很奇特。一天，他制作了一盏灯笼挂在风筝尾巴上。当夜幕降临时，点燃的灯笼跟随风筝一起升入空中，人们惊奇地以为出现了彗星……正是因为贪玩，他每次考试成绩都排在后面，常常挨老师的鞭子。后来，他不愿被老师和同学们看不起，便知难而进，终于成为人人皆知的大科学家。有人问他成功的秘诀，他说："假如我对世界有微小的贡献的话，没有什么秘诀，唯有勤奋！"

万有引力
Universal Gravitation 苹果落地的启发

在300多年前，牛顿发现了万有引力定律，这一定律准确说明了行星和卫星的运动规律，解释了重力产生的原因，更重要的是这个定律揭示了自然界中一种基本的相互作用力，它标志着人类在认识自然的历史上迈出了重要的一步。

科学史上，牛顿对万有引力定律的发现可以说功绩卓越。其他科学家如胡克、哈雷也在这方面作出了非常重要的贡献。

1674年，胡克在一次演讲《从观察角度证明地球周年运动的尝试》中，提出了3个假设。在演讲中，胡克首先使用了"万有引力"这个词。他提出的3条假设，实际上已包含了有关万有引力的一切问题，所缺乏的只是定量的表述和论证。但是胡克因为缺乏深厚的数学基础和敏捷的逻辑思维能力，并不能像牛顿那样概括、归纳出这一定律，所以，他最终与跨时代的科学发现失之交臂。

关于牛顿发现万有引力的过程，还有一个有趣的传说：1666年夏末一个傍晚，在英格兰林肯郡乌尔斯索普，23岁的牛顿走进后院的花园，坐在一棵树下，开始埋头读书，一边苦苦思索重力和行星运动的问题。这时，一个苹果落了下来，砸在牛顿的头上。一个偶然的平常事件往往能引发一位科学家思想的闪光，这在人们看来再平常不过的事情，却引起了牛顿的思考：为什么苹果不飞向天空却直落地面？地心引力和月球运

据说，万有引力这一重大发现是牛顿在树下思考的结果。他在沉思：究竟什么力量使一切物体都向着地心方向运动？这一问题的思考，最终导致万有引力的发现。

动有什么关系？为什么苹果会落地而月球却一直在绕地球旋转？这一现象启发牛顿想到苹果是被地球的引力拉下来的，正是从思考这一问题开始，经过多年的研究，终于导致了万有引力的发现。

1687 年，牛顿在《自然哲学的数学原理》中系统而深刻地论证了万有引力定律。在书中，他提出了一个思想实验：设想有一个小星球很靠近地球，以至几乎触及到地球上最高的山顶，那么使它保持轨道运动的向心力当然就等于它在山顶处所受的重力。这时如果小星球突然停止运动，它就会如同山顶处的物体一样做自由落体运动。如果它所受的向心力并不是重力，那么它就将在这两种力的作用下以更大的速度下落。这是同我们的经验不符合的。可见重物的重力和星球的向心力必然是出于同一个原因。

当时讽刺万有引力理论的漫画

紧接着，牛顿根据惠更斯的向心力公式和开普勒的三个定律推导了平方反比关系。牛顿还反过来证明了若物体所受的力指向一点而且遵从平方反比关系，则物体轨道呈圆锥曲线——椭圆、抛物线或双曲线。在《自然哲学的数学原理》中，牛顿把万有引力同磁力作用相类比，得出这些指向物体的力应与这些物体的性质和量有关，从而把质量引进了万有引力定律。

牛顿把他在研究月球运动方面得到的结果推广到太阳系行星的运动上去，并进一步得出所有物体之间万有引力都在起作用的结论。这个引力同相互吸引的物体质量成正比，同它们之间的距离的平方成正比。牛顿根据这个定律建立了天体力学的严密的数学理论，从而把天体的运动纳入根据地面上的实验得出的力学原理之中，这是人类认识史上的一个重大飞跃。

扛着马鞍思考

一天，母亲叫牛顿骑马到山里办事。他扛着马鞍到马棚去牵马，其实这时他正在思考一道数学题。当他把马牵出来后，突然想起了解题的一种方法，却没有牵着马，只扛着马鞍一边走一边思考。到达山顶后，解决问题的另一种方法又想出来了，而马却早已跑得无影无踪，只有马鞍还在肩上。

雷电本质
Nature of Lightning 电学史的新纪元

在18世纪前，神学家们宣传"雷为天怒"，而许多无神论者虽然指出雷电纯属自然现象，但并未揭示出其本质。美国科学家富兰克林将"天电"引入了莱顿瓶，成功地证实了闪电的特性。这是人类在征服大自然的道路上迈出的具有重大意义的一步，开创了电学史上的新纪元。

1745年，在荷兰莱顿大学的一所实验室里，教授马森布洛克和他的朋友库诺伊斯正在做一个有趣的实验：他们先用摩擦机产生电，再用金属丝把电引入玻璃瓶内，可以看见闪电的火花。他们设想：能不能将电储存起来呢？他们将瓶内灌满水，接通导线，再继续摇动摩擦机，却看不见一个火花。这时库诺伊斯像是要把电捞出来一样，一只手端起瓶子，另一只手到水瓶里去摸索，突然他觉得右臂一阵麻胀，猛然将手缩回来。马森布洛克由此得到启发，将玻璃瓶贴上锡箔制成了能储存电的瓶子，由于马森布洛克是荷兰莱顿人，所以人们将它称为"莱顿瓶"。

🐾 马森布洛克和他的朋友库诺伊斯尝试用摩擦起电器向瓶子中的水充电。

一直从事大气雷电研究的本杰明·富兰克林听说了这个实验，颇受启发。他将天上经常打死人畜的闪光的雷电与地下的电联想到了一起。两种电到底是不是一回事呢？

1749年，富兰克林在大量实验的基础上证明了闪电是一种电力，它和电火花具有同样的特性，都是瞬时的，都有相似的光和声，都能燃着物体、熔解金属、流过导体、具有集中于物体尖端等

富兰克林和儿子威廉带着风筝和莱顿瓶到野外做捕捉天电试验。

特点。于是，他写了一篇名为《论天空闪电和我们的电气相同》的论文，并送给了英国皇家学会。但是，富兰克林的设想遭到了人们的嘲笑，有人甚至讥笑他是"想把上帝和雷电分家的狂人"。

他决心用事实来证明一切。1752 年 7 月的一天，富兰克林终于盼来了一场雷雨天气。他和儿子威廉一起，带着上面装有一个金属杆的风筝，来到一片空旷的草地上。

富兰克林高举起风筝，他的儿子则拉着风筝线飞跑，风筝徐徐升上阴雨密布的天空。突然，一道闪电劈开云层，在天空划了一个"之"字，接着"嘎嘣"一声脆雷，如铜钱般的雨点就瓢洒盆泼般地倾泻了下来。他和儿子紧张地注视着西边的天空，只见电光一道道闪过，雷声一声更比一声响亮。这时，刚好一道闪电从风筝上掠过，富兰克林用手靠近风筝上的金属杆，立即掠过一种恐怖的麻木感。他激动地大声喊道："我被电击了！我被电击了！"

富兰克林用这一著名的风筝实验，证实了自己的观点：天上的雷电与人工摩擦产生的电性质完全相同，闪电就是一种放电现象。

继富兰克林之后，许多科学家又重复了富兰克林的实验，以确证对闪电的认识。经过长期的研究，科学家们逐步揭示了雷电的本质：云层之间，或云层与地面之间，云与空气之间的电位差增大到一定程度时，就会发生猛烈的放电现象，随之产生震耳欲聋的雷鸣。

🔸 意外收获

在一次试验中，富兰克林的妻子丽德不小心碰到了莱顿瓶，一团电火闪过，丽德被击中倒地，面色惨白，足足在家躺了 1 个星期才恢复健康。这虽然是试验中的一起意外事件，但思维敏捷的富兰克林却由此而想到了空中的雷电。经过反复思考，他断定雷电也是一种放电现象，于是做了大量实验，终于证明了这一猜测。

电流磁效应

Magnetic Induction of Electric Current **电磁学时代到来的标志**

电现象与磁现象的相似性是人们很早就谈论的话题。当法国物理学家库仑发现电力与磁力都是与距离平方成反比的力以后，寻找电与磁之间的联系便成为不少人研究的课题。丹麦物理学家奥斯特抓住这一天赐良机，终于发现了电流磁效应，从而揭开了电磁学的序幕。

1820 年 4 月的一天，丹麦物理学家奥斯特要做一次电学方面的演讲，听众是一些物理爱好者和精通物理知识的学者。演讲之前，奥斯特一直在思考电和磁之间的联系，他打算试一下电流对磁针的作用。但是，在实验准备就绪之后，却发生了一件意外事故，使得他在演讲之前未能进行实验。

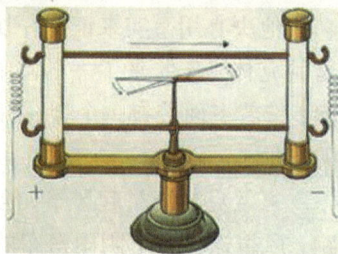

❀ 奥斯特电流磁效应示意图

带着准备就绪的实验设备，奥斯特走进了演讲大厅。他边讲边做演示实验，深入浅出地给听众讲解电磁学知识。这次演讲精彩极了，一次接一次地赢得大家热烈的掌声。演讲临近尾声，奥斯特顺手将一枚小磁针放在了一根导线的下方，磁针的指向正好与导线的方向平行。当给导线通电的时候，他看到磁针发生了转动。

磁针转动的角度很小，根本没有引起听众的

❀ 汉斯·克里斯蒂安·奥斯特（1777～1851），丹麦物理学家。1820 年因电流磁效应这一杰出发现获英国皇家学会科普利奖章。1851 年 3 月 9 日在哥本哈根逝世。

注意。何况长期以来，磁现象与电现象是被分别进行研究的，许多科学家都认为电与磁没有什么联系，连法国大物理学家库仑也曾断言，电与磁是两种完全不同的实体，它们不可能相互作用或转化。

"难道电和磁之间有联系？"奥斯特不由得心头一震。

对这个现象奥斯特非常重视，他敏锐地意识到，电和磁之间一定有联系。初次的发现使奥斯特非常激动，演讲一结束，他立刻回到实验室研究这个现象。

在此后的3个月时间里，奥斯特做了60多次实验，用无可辩驳的事实证明了电和磁之间存在的联系：电流可以产生磁场。

这年7月21日，奥斯特发表了题为《关于磁针上电流碰撞的实验》的论文。论文用极其简洁的语言论述了他多次实验的结果，最后，他总结出：电流的作用仅存在于载流导线的周围；沿着螺纹方向垂直于导线；电流对磁针的作用可以穿过各种不同的介质；作用的强弱决定于介质，也决定于导线到磁针的距离和电流的强弱；铜和其他一些材料做的针不受电流作用；通电的环形导体相当于一个磁针，具有两个磁极。

这一重大发现公布于世后，立即引起很大的轰动。这天作为一个划时代的日子被载入史册，它揭开了电磁学的序幕，标志着电磁学时代的到来。

在奥斯特无懈可击的实验面前，一些科学家明白了电流磁效应的重要性和价值。因此在这一重大发现之后不久，一系列的新发现接连出现：安培发现了电流间的相互作用，阿拉果制成了第一个电磁铁，施魏格发明电流计等。

在奥斯特发现电流磁效应的第二年，英国化学家戴维进一步发现，在铁或钢块外面绕上通电的金属导线时，该铁块或钢块就变成了电磁铁。电磁铁很快便被用于研究与技术中。

一次实验中，奥斯特偶然发现了电流的磁效应。

名人名言 >>>

我不喜欢那种没有实验的枯燥的讲课，因为归根结底所有科学进展都是从实验开始的。

——奥斯特

奥斯特奖章

奥斯特是一位热情洋溢、重视科研和实验的教师，他因此受到学生的欢迎。他还是卓越的讲演家和自然科学普及工作者，1824年，他倡议成立丹麦科学促进协会，创建了丹麦第一个物理实验室。1908年，丹麦自然科学促进协会建立"奥斯特奖章"，以表彰作出重大贡献的物理学家。1937年美国物理教师协会设立"奥斯特奖章"，奖励在物理教学上作出贡献的物理教师。

安培定律

Ampère's circuital law 电动力学的基础

电动机通电后能转动起来，在日常生活中是一个很平常的现象，聪明的你可曾思考过其中的原因？它的理论基础是法国著名物理学家安培创立的"安培定律"，这一极为重要的定律，构成了电动力学的基石。

1820 年 9 月 11 日，法国科学院召开会议，主题是由物理学家阿拉果报告奥斯特关于电流能够产生磁场的新发现。演示实验让大家目睹了电流作用磁针的现象。法国科学家们受到极大震动，他们一向认为电和磁没有联系的观念在事实面前被击得粉碎。

安培是一位易于接受科学事实的科学家，他在讨论过程中提出，既然电流能够像磁石一样吸引小磁针，那么由此可以推断，导线中的电流也能够相互作用。这一见解引起了与会的毕奥和阿拉果的极大兴趣。会议结束后，他们一起找到安培，约好在科学院大门口见面。

安培刚到科学院门口不久，脑海中浮现出两条平行导线中电流的作用问题。正想得入神，略微抬头，突然发现前边有一块黑板，于是从口袋中掏出一支粉笔在黑板上计算起来。

这一切被等在科学院门口的毕奥和阿拉果看在眼里。他们远远看见，安培正在用一支粉笔在一辆马车的后车身上写着，马车在不停地走着，安培跟在后面不停地写着。此时，马车走得越来越快，安培就跟着跑了起来。后来，马车一转弯就不见了，这时安培才发现，原来那是一辆马车的后车身。安培懊丧地站在路中央，看着马车带着他那块"黑板"，载着他那密密麻麻的计算公式渐渐地消失……

安培已经完全被奥斯特的新发现迷住了，回家后，这一新发现不停地在他的脑海里盘旋。于是，他一头扎进实验室没日

🌸 安德烈·玛丽·安培

没夜地忙活起来了。在实验室里，安培用不同的电源和导线反复进行实验。有时候，他把导线折成方框后通上电流，有时又把导线对折再通电流，有时候，他还把导线做成螺旋形或圆形通以电流。

1820 年 12 月 4 日，经过一系列实验和夜以继日的工作，安培找到了电流间相互作用的实验根据，他向科学院提交了一篇论文，报告了他一生中最伟大的发现：电流不仅对磁针有作用，而且两个通有电流的导线之间也有相互作用。两个通电导线的电流方向相同时，则相互吸引；两个通电导线的电流方向相反时，则相互排斥。同时，他还指出电流的这种行为，与异性电荷相互吸引、同性电荷相互排斥的行为恰恰相反，这是由于电的作用力的类型不同而引起的。

沿着这个研究道路，安培继续探索，在后来的研究中又取得了大量成果。他后来还发现了电流之间相互作用的规律，同时，还确定了判断电流磁场方向的安培定则和判断磁场对电流作用力方向的左手定则。

1821 年 1 月，在对电学进行了更深入的研究后，安培提出了"分子电流"的假说，成功地解释了物质磁性形成的内部原因。几年后，他总结了多年来研究电学方面的成果，出版了题为《电动力学理论》的著作，从而建立起了电动力学的基本框架。人们称他是电学研究领域最伟大的大师之一，麦克斯韦称他"电学中的牛顿"。

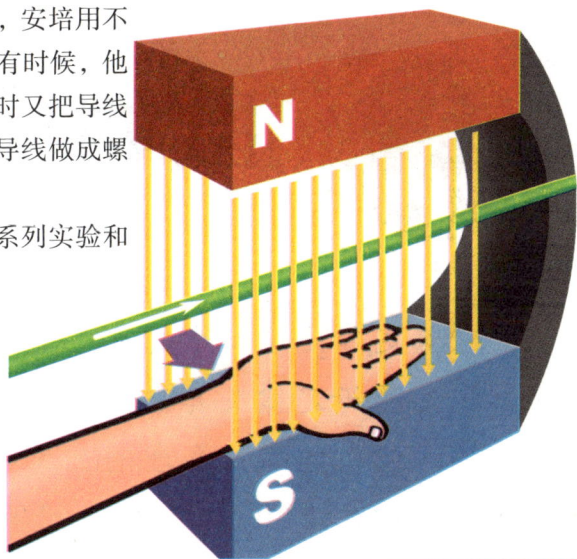

上图为右手定则示意图。在奥斯特公布电流磁效应的实验后不久，安培就提出了磁针转动方向和电流方向的关系服从右手定则的报告，后来，这个定则被命名为安培定则。

怀表变卵石

安培思考科学问题时专心致志。据说有一次，他正慢慢地向自己任教的学校走去，边走边思索着一个电学问题。经过塞纳河的时候，他随手拣起一块鹅卵石装进口袋。过一会儿，又从口袋里掏出来扔到河里。到学校后，他走进教室，习惯性地掏怀表看时间，拿出来的却是一块鹅卵石。原来，怀表已被扔进了塞纳河。

以安培的名字命名的测量电路中电流强度的仪器——安培计，也叫安培表、电流表。

欧姆定律
Ohm's Law 电学中的重要定律

欧姆定律是电学中的重要定律，是组成电学内容的骨干知识。欧姆定律及其公式的发现，给电学的计算带来了很大的方便。它不仅在理论上非常重要，在实际应用中的用途也非常广泛，与日常生产、生活用电的联系非常密切。

从18世纪末到19世纪初，法国的科学研究水平跃居世界之冠，而德国在当时还比较落后，尤其是在物理学方面。德国物理学家们片面强调定性的实验，忽视理论概括的作用，他们对于法国人的数学物理方法甚为不满。

1806年，拿破仑在耶拿战争中挫败了普俄联军，给德国以巨大的打击。一些改革者提出要以法国科学为榜样，彻底改造德国的科学体制，因此使德国的教育有了较快的发展。大学引进法国科学经典著作为教本，开办讨论班和研究生班，以培养具有特殊技能的人才。

欧姆正是在这种环境中开始电路实验的理论研究，发现欧姆定律的。

❧ 欧姆设计的实验装置

1822年，法国数学家傅立叶将导热规律总结为"傅立叶定律"，其内容是：通过等温面的导热速率与温度梯度及传热面积成正比。几年后，欧姆从傅立叶定律受到启发，认为电流现象与热传导类似。导热杆中两点之间的温度差相当于导线中两端之间的驱电力；导热杆中的热流相当于导线中的电流。欧姆猜想，如果导热杆中两点之间的热流强度正比于这两点的温度差，导线中两点之间电流应正比于这两点之间的某种驱电力。他把这种驱电力称为电动力，即今天的电势差。

开始，欧姆使用伏打电堆作电源，但它的电压很不稳定，给实验研究工作带来很大的困难。1821年，塞贝克发明温差电池。欧姆接受波根道夫的建议采用了温差电池。但他还面临着另一个电流强度的测量问题。开始，欧姆曾设想用电流的热效应，通过热胀冷缩的方法测量电流强度，但很难获得精确的测量结果。

后来，他把奥斯特关于电流磁效应的发现和库仑扭秤结合起来，设计了电流扭秤：用一根扭丝悬挂一磁针，让通电导线和磁针都沿子午线方向平行放置；再用铋和铜温差电池，一端浸在沸水中，另一端浸在碎冰中，并用两个水银槽作电极，与铜线相连。当导线中通过电流时，他发现磁针的偏转角与导线中的电流成正比。也就是说：在同一电路中，导体中的电流跟导体两端的电压成正比，跟导体的电阻成反比。这就是欧姆定律。1827年，欧姆发表了这项实验结果。

1827年，欧姆在原来的基础上又做了数学处理和理论加工，在定义电流强度和电势差等概念的基础上，欧姆得到一个更加完满的公式：$S = r \cdot E$。其中S表示导线的电流强度；r为电导率，其倒数即为电阻；E为导线两端的电势差。该公式发表在《用数学推导伽伐尼电路》一文中。欧姆的这部著作，是19世纪德国的第一部数学物理论著。

欧姆定律及其公式的发现，给电学的计算带来了很大的方便。它不仅在理论上非常重要，在实际应用中的用途也非常广泛，与日常生产、生活用电的联系非常密切。

🌼 库仑扭秤

🌼 乔治·西蒙·欧姆 (1789～1854年)，德国物理学家。除了发现了欧姆定律，欧姆还发现了电阻与导线的长度及横截面的关系。为纪念欧姆，人们将测量电阻的物理量单位以他的姓氏来命名。

🌼 含笑驱散尘埃

欧姆的数学物理论著《用数学推导伽伐尼电路》发表后，受到一些人的怀疑甚至攻击。在德国只有少数科学家承认欧姆定律，其中有位叫施威格的人给了欧姆很大的支持，他为欧姆发表论文，并写信给欧姆说："请你相信，在乌云和尘埃后面的真理之光最终会透射出来，并含笑驱散它们。"然而真正"驱散乌云和尘埃"的"风暴"来自英国。1841年，英国皇家学会授予欧姆科普利奖章，这是当时科学界的最高荣誉。从此欧姆的工作才得到普遍的承认。

电磁感应

Faraday's law of Induction **电磁学领域的重大发现**

电能能够转化为机械能，机械能也能转化为电能，自然界原来是如此和谐完美，我们不禁为之惊叹、为之陶醉。电磁感应现象的发现，改变了人类的历史，预示着人类从蒸汽时代进入一个崭新的电气时代！

1820年，丹麦科学家奥斯特发现电流磁效应，这一重大发现很快便传遍了欧洲，人们因此确信电流能够产生磁场。这一现象引起了当时很多科学家的关注和研究，其中包括当时正从事电和磁研究的英国物理学家法拉第。他想：既然电流能产生磁，那么为什么磁不能产生电流呢？

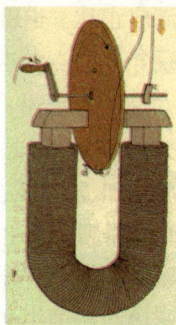
法拉第的电磁感应现象示意图

这一伟大的灵感一经闪现，就在法拉第的心中扎了根。1822年，他在笔记本中写下了一个崭新的研究课题——"把磁转变成电"。从此，为了实现这一科学闪念，从1821年到1831年，法拉第整整耗费了10年时间，从设想到实验，他反复做了无数次的研究实验，付出了辛勤劳动。最初，他试图用强磁铁靠近闭合导线或用强电流使邻近的闭合导线中产生稳定的电流，但都失败了。假如根据奥斯特的发现，被推动的电荷对磁铁产生作用，也就是说"产生磁"，那么被推动的磁铁也应该产生电。

于是，他按照自己的设想设计了一个实验装置，他的装置类似于

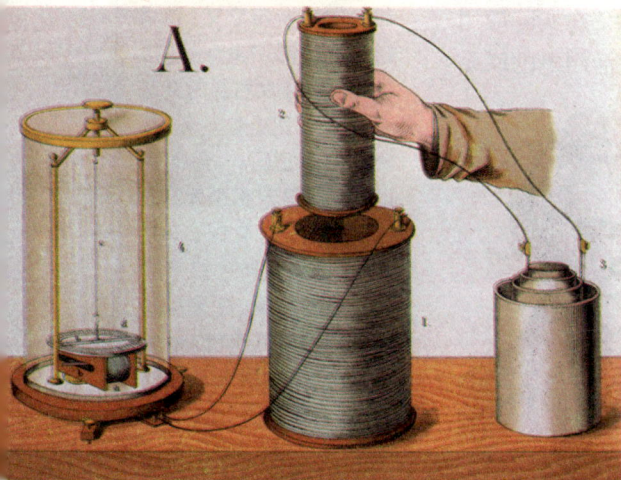
关于法拉第电磁感应实验原理的草图

名人名言 >>

名人名言 >>

像蜡烛为人照明那样，有一分热，发一分光，忠诚而踏实地为人类伟大事业贡献自己的力量。

——法拉第

法拉第

我们今天的变压器：在一边接上一个伏打电池（法拉第称为 A）和一个中断电流的开关，在另一边（称为 B）接上一个电流显示器（即当有电流时，显示出偏转的一个磁针）。接通 A 的电流时，B 电路上的测量仪显示短暂的偏转，然后，指针立即又回到 0 位。当 A 路中的电流被中断时，也出现偏转（但向另一个方向偏转）。法拉第原本希望，在整个电流动过程中，在 A 和 B 电路中都有电流产生。但是，磁针却准确无误地表明：只在"开"和"关"的时刻有效应存在。后来，法拉第很快发现，永久磁铁也可以用于感应。

1831 年 10 月 17 日这天，法拉第实现了重大突破。他在直径为 1.9 厘米、长为 21.6 厘米的空心纸筒上绕了 8 层螺旋线，把 8 层线圈并联后再接到检流计上。当他把磁铁棒迅速地插入螺线管时，检流计的指针就偏转了，然后又迅速地拉出来，指针在相反的方向上发生了偏转。每次把磁棒插入或拉出时，这个效应就会重复，因而电的波动只是当磁铁靠近时才产生。这就是一个原始的发电机，它通过磁体的机械运动而产生电流。此后，法拉第又继续进行大量的实验，以探讨电磁感应产生的条件。

1831 年 11 月 24 日，法拉第写了一篇论文，他把可以产生感应电流的情况概括成 5 类，正确地指出了感应电流与源电流的变化有关，而不与源电流本身有关。他将这一现象与导体上的感应电做了类比，把它命名为"电磁感应"。

第二年，法拉第采用了笛卡儿发明的磁力线这个概念来解释"电磁感应"现象。他认为：感应电流是导体切割磁力线产生的，电流方向由切割磁力线的方向决定。这就是我们今天还常用到的"右手定则"。

"我是一个普通人！"

法拉第生活节俭，衣着简朴，有人错把他当成了皇家学院实验室的看门人。1857 年，皇家学会学术委员会聘请他担任皇家学会会长，但法拉第却拒绝了，他说："我是一个普通人！如果我接受皇家学会希望加在我身上的荣誉，那么我就不能保证自己的诚实和正直。"后来，当英国王室准备授予他爵士称号时，他婉言谢绝说："我出身平民，不想变成贵族。"在财富和学问之间，法拉第选择了第二种，即使穷困一生也毫无怨言。

能量转换和守恒定律

The Law of Conservation of Energy **一切科学的基石**

能量转换和守恒定律是自然科学中最基本的定律之一，也是全部科学的基石，它科学地阐明了运动不灭的观点，深刻地揭示了自然界各种运动状态的普遍联系和统一性，为人类解决了一系列重大的科学问题。

能 量转换与守恒定律，又称热力学第一定律、能量不灭定律，它是指能量既不会凭空产生，也不会凭空消失，它只能从一种形式转化为其他的形式，或从一个物体转移到其他物体，在这一过程中其总量不变。

焦耳

亥姆霍兹

在能量转换和守恒定律发现的过程中，最值得一提的有3位科学家，他们分别是：迈尔、焦耳和亥姆霍兹。

德国医生迈尔最早是从人体新陈代谢的研究中得到这个重要发现的。1840 年，26 岁的迈尔在一艘船上做随船医生，当他给生病的船员抽血时，发现病人的静脉血比在欧洲时颜色要红一些，他想可能是由于血中含氧量较高的缘故。而含氧量之所以高，是机体中食物的燃烧过程减弱的结果。这使他联想到食物中化学能与热能的等效性。1842 年，迈尔发表了题为《论无机界的力》的论文，提出了建立不同的力之间的当量关系的必要性。

迈尔从理论上揭示了能量转换和守恒定律，而英国物理学家焦耳对于热功当量的精确测定为这一定律的建立提供了最重要的实验基础。1840 ～ 1841 年间，经过

迈尔

多次通电导体产生热量的实验，他发现电能可以转换为热能。

1843 年，焦耳钻研并测定了热能和机械功之间的当量关系，并宣布：自然界的能是不能毁灭的，哪里消耗了机械能，总能得到相当的热，热只是能的一种形式。

亥姆霍兹是德国物理学家、生理学家，他是从生理学问题开始对能量守恒原理进行研究的。1847 年，亥姆霍兹出版了《论力的守恒》一书。在书中，亥姆霍兹确认"力"的守恒定律在自然界中所起的作用，给出了不同形式的能的数学表达式，并研究了它们之间相互转换的情况。《论力的守恒》这部著作成了能量守恒定律论证方面影响较大的一篇历史性文献。

除了上述 3 位物理学家作出了主要贡献外，还有法国的卡诺、塞甘、伊伦，德国的莫尔、霍耳兹曼，俄籍的瑞士化学家赫斯，英国的格罗夫，丹麦的柯耳丁等人，都曾独立地发表过有关能量守恒方面的论文，对能量守恒定律的发现作出了贡献。

能量守恒定律表达了关于运动量不可创造和不可消灭的普遍规律，它概括了一切物理现象——力、热、电、磁、光的现象，并揭示了这些现象运动形式之间的统一性，从而达到物理科学的第二次大综合。另外，它促进了人们对自然现象认识的辩证观点的发展。

自从这个定律发现以来，人类在对能量的认识上取得了 2 个伟大的成就：一是能量子的发现，这一发现直接导致了现代物理学的诞生；二是质能关系的发现，这一发现使人类找到了新的能源——原子能。

真诚的谦虚

在去世前 2 年，焦耳对他的弟弟说："我一生只做了两三件事，没有什么值得炫耀的。"相信对于大多数物理学家，他们只要能够做到这些小事中的一件也就会很满意了。焦耳的谦虚是非常真诚的。他去世后，人们在威斯敏斯特教堂为他建造了纪念碑，并以他的名字命名能量单位。如果他地下有知，一定会感到很惊奇。

当最左边的球撞击左边第二个球时，最右边的球会摆动起来，中间 4 个球仅起了能量传递的作用。

电磁波

Electromagnetic Wave

无线电技术的新纪元

电磁波在当今人们的生活中起着异常重要的作用，无线电报、雷达等都是用电磁波来传递信息的。这个伟大发现是几代科学家、发明家共同努力的结果。电磁波发现不久，利用电磁波技术的新兴事物很快被推出，人类的生活发生了巨大的变化。

麦克斯韦 1873 年出版了科学名著《电磁理论》以后，他的学说在当时并不为众人所接受。因为没有足够的科学实验证明它，所以电磁理论始终处于预想阶段。是德国物理学家赫兹把天才的预想变成世人公认的真理，使假说变成了现实。

一天，赫兹正在做一次放电实验，他突然发现在附近的线圈上迸发出小火花。赫兹马上联想到，这是电谐振的结果，就像声学实验中相同的音叉会产生共振一样。赫兹由此受到启发，从此开始了捕捉电磁波的系统实验。

赫兹对人类最伟大的贡献是用实验证实了电磁波的存在。

1886 年，赫兹在恩师亥姆霍兹的指导和帮助下，制成了一套完备的实验仪器。他将两个用空气隔开的金属小球调到一定的位置，接上高压交流电，使电荷交替地涌入，由于两球之间的电压很高，间隙中的电场很强，空气分子被电离，从而形成一个导电通路。通电时，两个本来不相连的小球间却发出吱吱的响声，并有蓝色的电火花一闪一闪地跳过，这说明小球间产生了电场。

按照麦克斯韦的方程，电场再激发磁场，磁场再激发电场，连续扩散开去，便有电磁波传递。为了能接收到电磁波，赫兹又在离金属球 4 米远的地方用一根导线弯成环形，线的两端之间有一个间隙，做成了一个能探测电磁波的检波线圈。当火花发生器通电后，检波器的间隙里果然出现了蓝光闪闪的小火花。可见火花发生器的电流能产生辐射，它的能量能跨越空间，从发生器送到接收环。这就说明发射球和接收环之间有电磁波在运动了。

纪念馆里的赫兹雕像

AN DIESER STAETTE ENTDECKTE
HEINRICH HERTZ
DIE ELEKTROMAGNETISCHEN WELLEN
IN DEN JAHREN 1885-1889

后来，赫兹又通过反复实验证明了电磁波具有光一样的反射性能。此后，他还悉心研究了电磁波的折射、干涉、偏振和衍射等现象，并且算出了速度为每秒 30 万千米，同时证实了在直线传播时，电磁波的传播速度与光速相同，从而全面验证了麦克斯韦的电磁理论的正确性！并且进一步完善了麦克斯韦方程组，使它更加优美、对称，得出了麦克斯韦方程组的现代形式。

1888 年 1 月，赫兹将这些成果总结在《论动电效应的传播速度》一文中。这一发现公布后，轰动了整个科学界。至此，麦克斯韦总结的电磁理论终于取得了决定性的胜利。

电磁波的发现是近代科学史上的一座里程碑，具有划时代的意义，它不仅证实了麦克斯韦发现的真理，更重要的是开创了无线电电子技术的新纪元。后来，人们为了纪念赫兹，便用他的名字"赫兹"来命名频率的单位，简称"赫"。

短命的物理学家

1880 年，赫兹毕业于柏林大学，毕业后任亥姆霍兹的助手。在亥姆霍兹的影响下，他对电磁学做了深入研究。虽然，在当时很多人对麦克斯韦的电磁理论心怀排斥，但赫兹凭着自己扎实的电学理论知识和天才的判断，他始终信服法拉第、麦克斯韦的物理思想，并决定用实验来验证麦克斯韦理论。经过努力，他的愿望终于实现了。但赫兹是一个短命的物理学家，1894 年，他因血中毒逝世，年仅 37 岁。

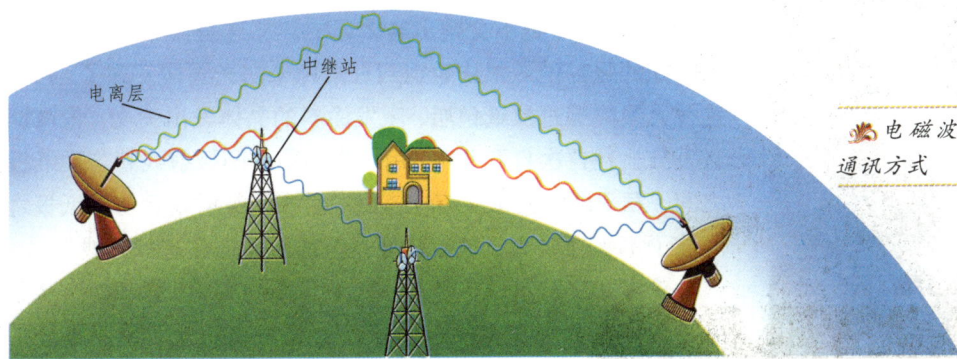

电离层
中继站

电磁波通讯方式

X 射线
X-Radiation 奇妙的光线

19 世纪末，德国科学家伦琴首次发现 X 射线。X 射线是一种看不见的射线，它的穿透力非常强。这一发现具有重大意义，它是 19 世纪末最具有革命性的发现之一，对物理学、医学等多方面产生了深刻影响。

X 射线示意图

威廉·伦琴

1895 年 11 月 8 日傍晚，在德国维尔茨堡大学的一个实验室里，伦琴正在做一项关于阴极射线的实验。他用黑纸将阴极射线管完全遮掩好，使之与外界相隔绝，然后把窗帘放下。当他打开高压电源，检查有没有光线从管中漏出的时候，突然发现有一道绿光从附近的一个板凳射出。他把高压电源关掉，光线也随着消失。板凳是不会发出光的，敏感的伦琴立刻点灯，发现板凳上摆着自己原来做实验时用的一块硬纸板，硬纸板上涂了一层荧光材料。

伦琴知道从阴极射线管中散出的阴极射线的有效射程仅有 2.5 厘米，显然是不会跑出这么远的。那这是什么光使荧光材料闪光的呢？伦琴很快意识到有某种未知光线被发现了，并且这种光线能穿过黑纸包层，激发涂料的晶体发出荧光。伦琴惊喜万分！他再次打开开关，用一本书挡在阴极射线管与硬纸板之间，发现硬纸板依然有光。他先后在阴极射线管与硬纸板之间放了木头、玻璃、硬橡胶等，但都不能挡住这种光线。

伦琴在实验室里整整做了 7 个星期的实验，终于确定这是一种尚不为人类所知的新射线。由于对它的性质还不十分了解，所以定名为"X 射线"。后来，科学界为了纪念它的发现，将之称为"伦琴射线"。

1895 年 12 月下旬，伦琴将他的研究成果写成论文。在随后的一次检验铅对 X 射线的吸收能力时，他意外地看到了自己拿铅片的手的骨骼轮廓。于是，伦琴请他的夫人把手放在用黑纸包严的照相底片上，用 X 射线照射，底片显影后，看到了伦琴夫人的手骨像，手指上的结婚戒指也非常清晰，这成了一张有历史意义的照片。

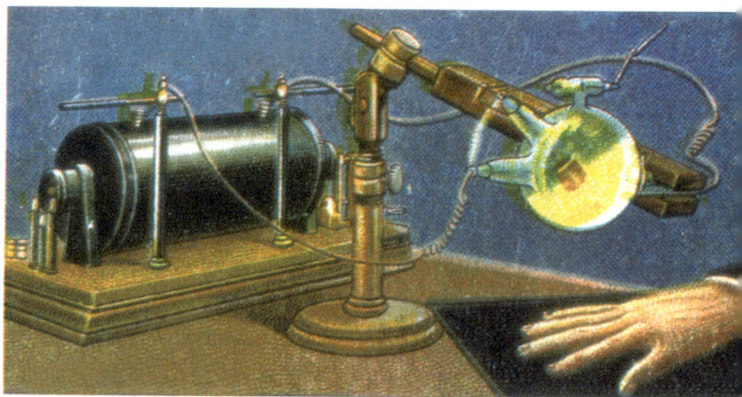

伦琴发现 X 射线的装置

1896 年元旦，伦琴将他的论文和第一批 X 射线照片复制件分送给一些著名物理学家。几天之后，这个发现就传遍了全世界，在公众中引起轰动。其传播之迅速，反应之强烈，在科学史上是罕见的。X 射线很快就被应用于医学和金属探伤等领域，从而创立了 X 射线学。X 射线究竟是一种电磁波，还是一种粒子流，曾经争论许多年。直到 1912 年德国物理学家劳厄和他的助手发现 X 射线通过晶体后产生衍射现象，才证明它是一种波长很短的电磁波。

X 射线的发现具有十分重大的意义，它是 19 世纪末 20 世纪初发生的物理学革命的开端。它的发现对于化学的发展也有重要意义：1913 年，根据对各种元素的特征 X 射线光谱的研究，发现了莫斯莱定律，确定了元素的原子序数等于核电荷数，这对元素周期律的发展和原子结构理论的建立起了重要作用。以 X 射线晶体衍射现象为基础建立起来的 X 射线晶体学，是现代结构化学的基石之一。

名人名言 →

我喜欢离开人们通行的小路，而走荆棘丛生的崎岖山路。

——威廉·伦琴

捐献诺贝尔奖金

伦琴一生献身科学，对物质利益十分淡薄，他不仅将自己的发现无私地奉献给了社会，也将自己所获的诺贝尔奖金全部献给维尔茨堡大学以促进科学的发展。他的一个好友鲍维利曾说："他的突出性格是绝对的正直。我们大概可以这样说，无论从哪种意义上讲，他都是19世纪理想的化身：坚强、诚实而有魄力；献身科学，从不怀疑科学的价值……他对人民，对记忆中的事物以及对理想具有一种少有的忠诚和牺牲精神……"

放射性

Radioactive 原子核物理学的开始

天然放射性是原子核的性质，它的发现和研究使人类从对原子的认识进入到了对原子核的研究，这是人类知识史上划时代的伟大发现。科学界也因此而引发了一场真正的革命——由贝克勒尔开创的原子能研究的应用新领域，使人类迈向了现代文明。

1903 年，诺贝尔物理学奖一半授予安东尼·亨利·贝克勒尔，另一半授予皮埃尔·居里和玛丽·斯可罗夫斯卡·居里。安东尼·亨利·贝克勒尔首次发现了天然放射性，而表彰居里夫妇，则是因为他们对贝克勒尔发现的辐射现象所作的卓越贡献。

安东尼·亨利·贝克勒尔是法国人。在 25 岁时，他取得了工程师资格，到 1892 年时，44 岁的贝克勒尔对物理学已经有很深的研究了。

1896 年 1 月 20 日，法国科学院举行了一次重要的学术讨论会。做学术报告的是著名的数学家和物理学家彭加勒。他给来自全国各地的与会者展示了伦琴刚刚寄给他的 X 射线照片，引起学者们的极大兴趣。

在讨论会上，贝克勒尔向彭加勒大胆请教：射线是从阴极射线管的哪一个区域发出的？彭加勒回答说：X 射线看来是从管子正对着阴极的区域发出的，这个区域的玻璃都发荧光了。

贝克勒尔因此受到启发，当即产生了这样的推断：可见光与非可见光产生的机理应该是一样的。X 射线可能总是伴随着所有的荧光现象。贝克勒尔一贯的研究方法是描述性的，他基本上只信赖观测，尽可能小心地回避推理，但这一次他却非常相信 X 射线与荧光之间很可能有一种关系，并决定立即用实验来证实这一推断。

会议结束后，贝克勒尔就开始了实验。因为

安东尼·亨利·贝克勒尔

他有极优越的条件可以立即着手进行实验，他祖父曾研究过磷光，在他写的 6 本书中有 2 本是磷光方面的专著；而他的父亲则是荧光方面的专家，而且特别熟悉铀。贝克勒尔继承父业，也非常熟悉荧光物质，而且实验室里还有现成的硫酸铀酰钾。

于是，他精心设计了一套研究方案：把照相底片用黑色的厚纸包严，使其不受阳光的作用，但可以受到 X 射线的作用，因为伦琴已经证明 X 射线可以穿过厚纸包层使照相底片感光。在照相底片包封附近放两块能发出荧光的材料，其中一块用一枚银币与纸封隔离，然后把它们拿到阳光下暴晒，使材料发出荧光。如果发荧光的物体可以产生 X 射线，那么底片上将留下明显不同的感光痕迹。

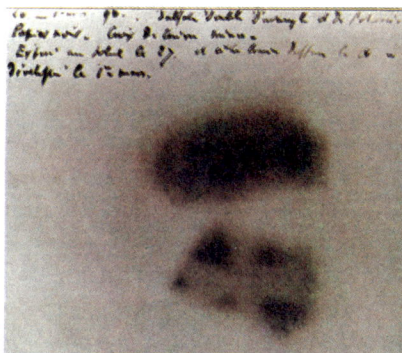

使贝克勒尔最早发现放射性并产生灵感的图片

贝克勒尔家中收藏有大量可以发出荧光和磷光的物质材料，他把它们分别拿出暴晒，进行实验。最初的实验得到的结果是否定的，照相底片没有感光，发荧光和磷光的物质并不同时发射 X 射线。后来，他重新选择氧化铀作为主攻对象，这次他发现照相底片感光了。

1896 年 2 月 24 日，他向法国科学院报告了这一发现，认为 X 射线与荧光有关。

尽管贝克勒尔已经找到了他所猜测的 X 射线与磷光物质之间的关系，但是他并没有中止实验。2 月 26 日，当他进一步做实验时，凑巧碰上了连绵的阴雨，他只好把实验的东西原封不动地锁进抽屉。5 天后，天放晴了，贝克勒尔继续中断的试验。一向严谨细心的他取出底片时，想预先检查一下实验品，没想到意外的情况发生了：在没有阳光的情况下，底片不仅曝光而且上面又很明显的铀盐的像。这说明铀本身在发光！

第二天，科学院举行学术讨论会，贝克勒尔在会上公布了天然放射性的发现。后来，居里夫妇将其称为"放射性"。

天然放射性的发现，标志着原子核物理学的开始。后来，科学界为了表彰贝克勒尔的杰出贡献，将放射性物质的射线定名为"贝克勒尔射线"。

值得信任的观察者

贝克勒尔射线的发现，对物理学有极大的意义。在这以前，科学家们坚信原子是最小的、不可再分割的粒子，现在，铀原子却可以放射出一种射线来。还有更使物理学家迷惑不解的是：铀盐晶体不断放出射线的能量是从哪儿来的呢？当时有一位后来才成为著名物理学家的人问英国杰出的实验物理学家瑞利勋爵："如果贝克勒尔的发现是真的，那能量守恒定律岂不遭到了破坏吗？"瑞利十分幽默地回答说："更糟糕的是我完全相信贝克勒尔是一位值得信任的观察者！"

镭
Radium 打开探索原子世界的大门

镭是一种化学元素。它能放射出人们看不见的射线，不用借助外力，就能自然发光发热，含有很大的能量。镭的发现引起科学和哲学的巨大变革，为人类探索原子世界的奥秘打开了大门。由于镭能用来治疗癌症，也给人类的健康带来了福音。所以镭被誉为"伟大的革命者"。

🌸 年轻的居里夫人

从19 世纪末到 20 世纪初，世界科学事业收获了重要的成果。镭元素的发现就是其中最引人注目的，它的发现从根本上改变了物理学的基本原理，对于促进科学理论的发展和在实际中的应用，有着十分重要的意义。

发现镭元素的是一位杰出的女科学家——居里夫人。

1896 年，贝克勒尔发现放射性，吸引了包括居里夫妇在内的一批杰出的科学家。就在这一年，为了获得博士学位，居里夫人审慎地选择着研究课题。有一次，贝克勒尔的一篇报告引起了她的注意。报告中写道，铀和钠的化合物具有一种特殊的本领，能自动、连续地放出一种眼睛看不见的射线。

"这是怎样的一种神奇光线呢？"

居里夫人感觉这是一个非常难得的研究题目，她决定要揭开

🌸 居里夫妇进行了艰苦的劳动，在一个破棚子里夜以继日地工作了 4 年。自己用铁棍搅拌锅里沸腾的沥青铀矿渣，眼睛和喉咙忍受着锅里冒出的烟气的刺激，经过一次又一次的提炼，才从几吨沥青铀矿渣中得到 0.1 克的氯化镭。

这个谜，于是就正式确定了自己的研究方向。要研究放射性元素，需要一间宽敞的实验室，她的丈夫皮埃尔·居里在一所理化学校借到一间小工作间。这个工作间又冷又潮，条件非常简陋，但是居里夫人毫不在乎，专心做她的实验。

在研究过程中，她发现，能放射出那奇怪光线的不只有铀，还有钍。她把这些光线称为"放射线"。居里夫人在进一步的研究中发现，可能还有一种物质能够放射光线。这种光线要比铀放射的光线强得多。她认为，这种新的物质，也就是还未被发现的新元素，只是极少量地存在于矿物之中。她把它命名为"镭"，在拉丁文中，它的原意就是"放射"。

皮埃尔·居里对这一大胆的设想表示赞同，同时，他也意识到这一研究的重要性，他毅然放下自己的研究课题，和居里夫人一起投入到寻找这种新元素的艰巨的化学分析工作中。因为没有看到这种元素，其他科学家大都不相信。

漫画家笔下的居里夫妇

为了得到镭，测定镭原子的原子量，向科学界证明镭的存在，居里夫妇夜以继日地努力工作。为了提取纯镭，他们必须从沥青铀矿中分离出镭来。沥青铀矿中的镭含量极其稀少，许多吨的矿石，需要经过混合、溶解、加热、过滤、蒸馏、结晶等一系列的工作，才可能分离出极小份数的镭。

到 1902 年，通过 45 个月艰苦繁重的劳动，在数万次的提炼后，他们从数吨沥青铀矿渣中提炼出了0.1 克纯净的氯化镭，在光谱分析中，它清楚地显示出镭特有的谱线。居里夫人测出它的原子量为 225，其放射性比铀强 200 多万倍，这一伟大的举措证实了镭元素的存在。

镭的发现从根本上改变了物理学的基本原理，对于促进科学理论的发展和在实际中的应用有十分重要的意义。如今，镭已经成为医生们与癌症作斗争的有力工具，为保持人的健康和延长病人的寿命起着越来越大的作用。

镭不属于个人！

居里夫妇极端蔑视名利。当皮埃尔·居里去世以后，有人建议居里夫人卖掉与皮埃尔在实验室里分离出的那 0.1 克氯化镭以补贴拮据的经济，这在当时价值 100 万法郎。居里夫人毅然将氯化镭献给了实验室，把它用于研究工作。她告诫女儿说："镭不应该使任何人发财。镭是一种化学元素，应该属于全人类！"

能量子假说

The Planck Postulate 宣告量子物理学的诞生

19世纪末20世纪初，生产的发展和技术的提高，导致了物理实验上一系列重大发现。量子论的诞生成了物理学革命的第一声号角，而这当中普朗克为黑体辐射问题而提出的能量子假说，则为量子理论的建立打响了第一炮，最终改变了人们对世界的看法。

马克斯·普朗克

到了19世纪末，经典物理学的各个分支，如力学、光学、热力学、统计力学、电磁学等都已经高度发展并几乎完备成熟了，科学家们认为，在已经基本建成的科学大厦中，后辈物理学家只需做一些零碎的修补工作就行了。可世纪之交的3大发现（伦琴发现X射线、贝克勒尔和居里夫妇发现天然放射性现象、汤姆逊发现电子）却使经典物理学无法解释，人们不得不回过头来，对已有的理论作出新的检验。

物理学正面临着革命的前夜，这时一个新的未知领域——微观世界——已初露头脚，而带头走入微观领域大门的是德国著名物理学家普朗克。

普朗克从黑体辐射的研究中打开了向微观世界进军的突破口。黑体辐射的概念是1859年由柏林大学教授基尔霍夫提出的。所谓黑体，是指一种能够完全吸收投射在它上面的辐射而全无反射和透射的、看上去全黑的理想物体。1895年，德国物理学家维恩根据热力学的普遍原理和一些特殊的假设，提出一个黑体辐射能量按频率分布的公式，后来人们称它为维恩辐射定律。

1899年，普朗克得到了一个和维恩辐射定律一致的关系式。随着实验的深入，普朗克发现维恩及他自己得出的辐射定律

普朗克于1900年发现了隐藏在这些曲线中的量子规律。

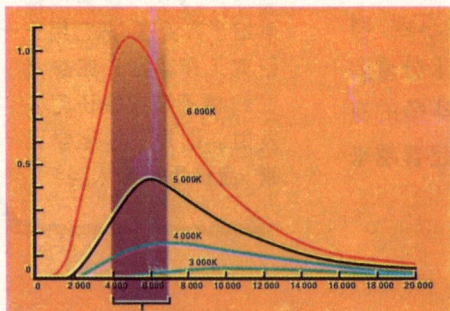

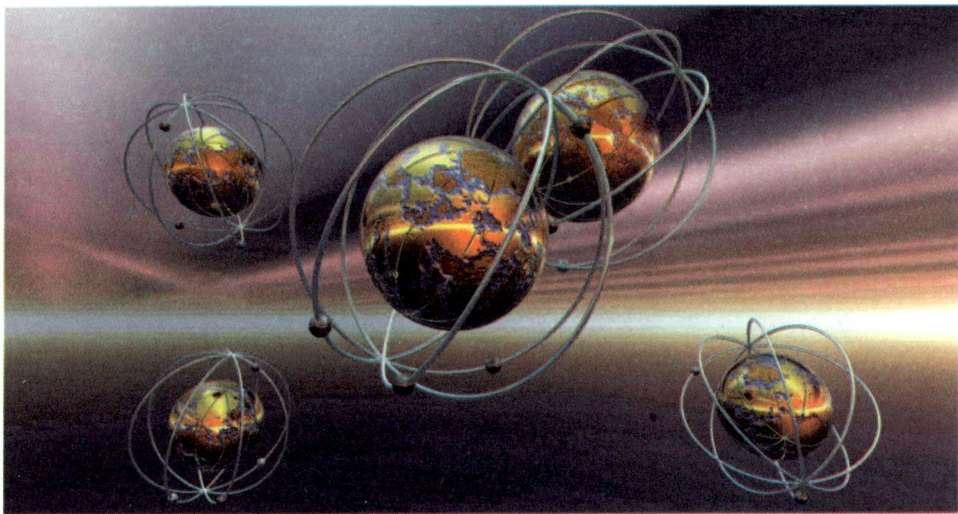

并不完全正确，公式在短波部分与实验中观察到的结果较为符合，但在长波部分就明显与实验不符合。正当普朗克尝试修改辐射公式时，1900 年 6 月，英国物理学家瑞利发表论文批评维恩在推导辐射公式时引入了不可靠的假定。他导出了新的公式，即瑞利公式。但是普朗克发现，瑞利公式在长波部分与观察一致，而短波部分则与实验大相径庭。

受两个公式的启发，普朗克很快就把代表短波端的维恩公式和代表长波端的瑞利公式综合到了一起，这也就是普朗克辐射定律：电磁振荡只能以量子的形式发生，并且量子的能量和频率之间存在一个确定的关系，它是一个自然的基本常数。

但是普朗克并不满足于找到一个经验公式，他要进一步探求这个公式的理论基础。为了从理论上推导这一新定律，普朗克又连续紧张地工作了两三个月。

1900 年 12 月 24 日，普朗克终于推出了具有重大意义的能量量子化的假设：每个带电线性谐振子发射和吸收能量是不连续的，这些能量值只能是某个最小能量元ε的整数倍，而每个能量元和振子频率成正比。

普朗克的能量子假说，大胆抛弃了经典物理学中物理量连续变化的旧观念，它不仅是对经典物理学的改造，而且是一次革命。后来的事实证明，随着普朗克能量子的提出，物理学理论发生了巨大的变革，它奠定了量子理论的基础，揭开了人类探索微观世界的序幕。

启蒙老师

普朗克童年时期爱好音乐，又爱好文学。后来他听到中学老师缪勒讲了这样一个故事：一个建筑工匠花了很大的力气把砖搬到屋顶上，工匠做的功并没有消失，而是变成能量贮存下来了；一旦砖块因为风化松动掉下来，砸在别人头上或者东西上面，能量又会被释放出来……这个能量守恒定律的故事给普朗克留下了终生难忘的印象，使他的爱好转向自然科学，并成为他以后研究工作的基础之一。

原子核

Atomic Nucleus 原子科学的丰碑

在探索原子奥秘的征途中,原子核和电子的发现是近代物理学发展中的里程碑。1911年,英国物理学家卢瑟福证实了原子核的存在,这一发现为原子科学的发展树立了不朽的丰碑,对于认识原子结构具有十分重要的意义。

19世纪末,物理学上爆出了震惊科学界的"三大发现":1895年,德国物理学家伦琴发现了 X 射线;1896年,法国物理学家贝克勒尔发现了天然放射性;1897年,英国物理学家汤姆逊发现了电子。这些伟大发现激励了英国物理学家欧内斯特·卢瑟福,使他决心对原子结构进行深入研究。

1906年,卢瑟福开始研究原子内部结构。他认为,要了解原子内部的情形,最好的办法是把它砸开。他们选择α粒子作为砸开原子的子弹。射击α粒子的枪是极少量的镭。镭是放射性元素,它连续不断地放射出α粒子。镭放在一个仅开一个小口的铅容器里面,让α粒子射出。

欧内斯特·卢瑟福

1909年至1911年间,卢瑟福和他的合作者们做了用α粒子轰击金箔的实验,然而实验却得到了出乎意料的结果。绝大多数α粒子穿过金箔后仍沿原来的方向前进,少数粒子却发生了较大的偏转,并且有极少数粒子的偏转角超过了 90°,有的甚至被弹回,偏转角几乎达到180°,这种现象叫作粒子的散射。实验中产生的α粒子大角度散射现象,使卢瑟福感到惊奇。因为这需要有很强的相互作用力,除非原子的大部分质量和电荷集中到一个很小的核上,否则大角度的散射是不可能的。

1912年,在反复实验研究之后,卢瑟福公布了他的原子模型构想,即:原子里有一个很重的中心,叫作原子核。原子核外是绕核飞快运转的电子，每一个电子都在一种确定的轨道上运行着。

卢瑟福把原子的结构跟太阳系比。他说：原子核是原子的中心，正像太阳是太阳系的中心一样。电子隔着很远的距离沿轨道绕着中心旋转，正像行星隔着很远的距离沿着轨道绕着太阳旋转一样。

经过进一步的实验，他提出了一个更完整的原子模型：原子的中央是由很重的带正电的质子构成的核，原子的重量几乎都集中在原子核上，远离这个核的是很轻的带负电的电子。在此基础上，他提出原子的有核结构。1919 年，卢瑟福在用α粒子轰击氮原子核的实验时候，确定了质子的存在。

1932 年，英国物理学家查德威克在研究玻特和贝克尔发现的穿透力很强的射线中确定了中子的存在。这样原子核是由质子和中子构成则被人们所公认，并且不同类的原子核内质子数是不同的；每一个质子带一个单位的正电荷，中子不带电。从此，原子核结构的序幕被拉开了。

❀卢瑟福在实验室。

❀卢瑟福的实验仪器，通过它做轰击原子的实验后，卢瑟福发现了原子核。

❀ 被斥责的勤奋

现代原子物理学的奠基者卢瑟福对思考极为推崇，一天深夜他偶尔发现一位学生还在埋头实验，便好奇地问："上午你在干什么？"学生回答："在做实验。""下午呢？""做实验。"卢瑟福不禁皱起了眉头，继续追问："那晚上呢？""也在做实验。"勤奋的学生本以为能够得到导师的一番夸奖，没想到卢瑟福居然大为恼火，厉声斥责："你一天到晚都在做实验，什么时间用于思考？"学生非常委屈，实际上大师是在传授真经啊！如果说智慧是创造的源泉，那思考便是智慧的起点。

中子

Neutron **打开原子核大门的钥匙**

中子是人们发现的一种重要的基本粒子，是原子核的组成部分。在原子物理学的发展中，中子的发现是一件划时代的大事，它澄清了原子核的基本结构，为核模型理论奠定了基础，加速了原子核物理的发展。

1920 年，质子已经被发现，英国物理学家卢瑟福曾作出"原子核内可能存在着质量与质子质量相同的中性粒子"的理论预言。为了检验卢瑟福的假说，卡文迪许实验室从 1921 年就开始了实验探索工作。

接手这项工作的正是查德威克。1923 年，他得到卢瑟福的同意，用游离室和点计数器作为检测手段，尝试在大质量的氢化材料中检测 γ 射线的发散。在初步做了这些尝试之后，查德威克考虑到中子只有在强电场

詹姆斯·查德威克

中形成的可能性，但没有合适的变压器可用。正当查德威克着手进一步开展探讨中子的研究时，柏林的玻特和巴黎的约里奥·居里夫妇相继发表了他们的实验结果。

从 1928 年起，德国物理学家玻特和他的学生贝克尔就开始用钋发射的 α 粒子轰击一系列轻元素，发现 α 粒子轰击铍时，会使铍发射穿透能力极强的中性射线，强度比其他元素所得要大过 10 倍。用铅吸收屏研究其吸收率，证明这种中性辐射比 γ 射线还要硬。1930 年，他们率先发表了这一结果，并断定这种贯穿辐射是一种特殊的 γ 射线。

1932 年 1 月，约里奥·居里夫妇——居里夫人的女儿和女婿——公布了他们关于石蜡在"铍射线"照射下产生大量质子的新发现，并认为"铍射线"是能量很高的 γ 射线。

这一实验结果引起了查德威克的注意，但他并不同意居里夫妇的解释。他意识到，这种射线很可能就是由中性粒子组成的，这种中性粒子就是解开原子核正电荷与它质量不相等之谜的钥匙！于是，他立刻着手研究约里奥·居里夫妇做过

的实验。在对铍辐射的研究中，他用这种射线先后辐射轻、重不同的几种元素，结果发现射线的性质与通常的γ射线有所不同。

当这种射线轰击氢原子和氮原子时，打出了一些氢核和氮核。由此，他断定这种射线不可能是γ射线。因为通常的γ射线照射到物质上时，物质密度越大，对γ射线吸收得越厉害，而这种射线的性质刚好相反，密度越小的物质越容易吸收它。

当查德威克用这种射线轰击氢原子核时，发现它被反弹回来，说明这种射线是具有一定质量的中性粒子流。

后来，查德威克通过对反冲核的动量测定的结果，再利用动量守恒定律进行估算，终于确定出这种射线中性粒子的质量和质子一样，而且不带电荷。于是，他沿用了美国化学家哈金斯的"中子"这一名称作为对这种粒子的正式命名，并在 1932 年的《自然》杂志上发表论文《中子可能存在》，详细地论证了中子发现的过程。查德威克因此获得 1935 年的诺贝尔物理学奖。

中子就这样被发现了。查德威克解决了理论物理学家在原子研究中遇到的难题，完成了原子物理研究上的一项突破性进展。中子的发现具有深远的影响，由此引起了一系列后果：第一是为核模型理论提供了重要依据，前苏联物理学家伊万宁科据此首先提出原子核是由质子和中子组成的理论；其次是激发了一系列新课题的研究，引起一连串的新发现；第三是找到了核能实际应用的途径。意大利物理学家费米用中子作"炮弹"轰击铀原子核，发现了核裂变和裂变中的链式反应，开创了人类利用原子能的新时代。

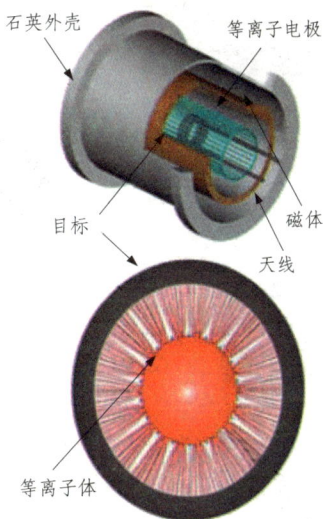

中子发生器

中子弹爆炸，中子弹被运用到现代战争武器中。它是第三代核武器，是一种用中子流和γ射线为主要杀伤手段的武器。

🐚 驽马十驾，功在不舍

中学时代，查德威克并未显现出过人天赋。他沉默寡言，成绩平平，但坚持自己的信条：会做则必须做对，一丝不苟；不会做又没弄懂，绝不下笔。正是这种驽马十驾，功在不舍的精神，使他在科学研究事业中受益一生。后来，查德威克成为卢瑟福的得力助手，一直在卢瑟福所主持的卡文迪许实验室进行过多年有关α粒子和γ射线等的放射性研究工作。即使在第一次世界大战期间，他和其他的德国囚犯被拘禁在鲁勒本时，仍然和大家一起就地建造了一间小小的实验室，专心致力于β射线的研究。正是这种对科学的执著进取的精神，才有了中子这一伟大的发现。

自然造化

磷
Phosphorus 燃烧的"鬼火"

现在我们知道，民间传说中的"鬼火"是一种磷的氢化物产生的自燃现象，自然界中的这种磷的氢化物是由人及动物的尸体腐烂分解而形成的，它是一种气体，当遇到空气，就会自动地燃烧起来。有趣的是，最早发现的磷和鬼火并没有关系，而是从尿液中提炼出来的。

17世纪，盛行炼金术，据说只要找到一种石头——哲人石，便可以点石成金，让普通的铅、铁变成贵重的黄金。炼金术士仿佛疯子一般，采用稀奇古怪的器皿和物质，在幽暗的小屋里，口中念着咒语，在炉火里炼，在大缸中搅，朝思暮想地寻觅能点石成金的哲人石。

磷

当时，德国汉堡有一个想发财的商人名叫布兰德，千方百计地寻找生财之道。当他偶尔听人说，从人的尿液里可以制造出黄金或是能够点石成金的宝贝时，就决心尝试一番。于是，他偷偷地收集了大量的尿液，一点一点地慢慢蒸干后，又胡乱地加上各种各样的东西，今天用煮的办法，明天又用烧烤的办法，一次一次地使其干下去。

无巧不成书。1699年，布兰德在经过几十次的改变配方、更换方法后，居然在一次将尿渣、沙子和木炭放在炉火中加热，尔后用水冷却产生的蒸汽时，得到了一种在黑夜中能发出荧光的物质。这就是他初次得到的磷——一小块白色柔软的白

磷（磷的一种单质）。

在化学史上，这属于十分巧合的事，并且相当罕见。尽管磷可以形成各种各样的化合物，遍布于人及动物体内，但要用磷的化合物来制取单质，都需要经过复杂的化学反应。工业生产上，经常是用磷矿石为原料，加上石英和焦炭，再经过 1500℃ 的高温，而产生的磷蒸气，在隔绝空气的状态下，冷凝到凉水中，才会成为固体的白磷。

尿液可以制造出黄金，这压根就是一种荒谬的说法，其实，当时的人们谁也不知道人和动物的尿液里到底含有什么东西。如今我们知道，尿液的成分，除了绝大部分是水之外，主要的是尿素。此外还有一些新陈代谢的废物，其中便含有极少量的硫、磷等元素，而且是以极其复杂的

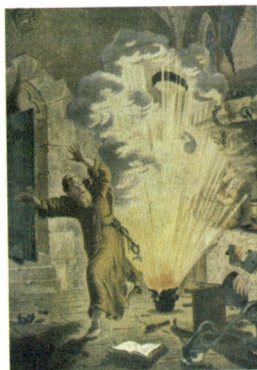

中世纪的炼金术士相信一些元素能转化成黄金而热衷于冶炼矿石。

有机化合物的形式存在的，只有在经过长时间的发酵蒸发后，才能变成磷酸盐。同时，由于饮食情况的不同，排泄物中所含磷的量也有所不同。

布兰德虽然没有得到黄金，却意外地制出了奇怪发光的宝物，他同样欣喜若狂。发光是磷和空气慢慢化合的结果，当然，这在 1 个世纪以后才被弄清楚，但这种发光现象却使磷的发现蒙上了一种神秘感。由于分离出来的物质像蜡一样既白又柔软，它在黑暗中能放出闪烁的亮光，根据这些特征，布兰德将它称为 Phosphorus，在希腊语中，意思就是"晨星"。晨星是光的"产婆"，因为在它出现后不久，太阳就要升起了。在早晨，金星比太阳早到达东方地平线，因而在太阳升起之前，它已闪烁在东方的天空，它就是"晨星"，也叫"冷光"（即白磷）。

白磷是白色半透明晶体，在空气中缓慢氧化，产生的能量以光的形式放出，因此在暗处发光。19 世纪早期，白磷曾被用于火柴的制作中，但白磷有剧毒，用起来很不安全。到 1845 年，奥地利化学家施勒特尔发现了红磷，确定白磷和红磷是同素异形体。由于红磷无毒，在 240℃ 左右着火，受热后能转变成白磷而燃烧，于是红磷成为制造火柴的原料，一直沿用至今。

1772 年，拉瓦锡首先把磷列入化学元素的行列。他燃烧了磷和其他物质，确定了空气的组成成分。磷的发现促进了人们对空气的认识。

意外的发现

一天晚上，天气很干燥，又刮着大风，布兰德已经在实验室里连续工作了十几个小时，时间都快到午夜 12 点了，他妻子想让他早点休息。当他妻子打开实验室大门时，一阵大风吹进了实验室，竟把所有的灯都吹灭了，实验室一下子变得一片漆黑。布兰德转身去点灯，却发现从尿中提炼出的那些白色蜡状物闪闪发光，竟照亮了药品架和实验台，他仔细进行观察，发现这些物质发出火一样的明光，但并不热，是一种"寒冷的光"。布兰德就把这种白色蜡状固体叫"冷光"。

氮 气

Nitrogen "窒息的空气"

科学家对大气的研究导致了氮气的发现。氮气在大气中约占总体积的4/5,但因通常条件下很不活泼,在一般化学反应中很难察觉到。所以人们只是在分离出氧气后才较多地认识到氮气的性质,但氮气的发现却早于氧气。

丹尼尔·卢瑟福

氮储藏室

早在 1771～1772 年间,瑞典化学家舍勒就根据自己的实验,认识到空气是由两种彼此不同的成分组成,即支持燃烧的"火空气"和不支持燃烧的"无效的空气"。

1772 年,英国科学家卡文迪许也曾分离出氮气,他把它称为"窒息的空气"。同年,英国科学家普里斯特利也得到了一种既不支持燃烧,也不能维持生命的气体,他称它为"被燃素饱和了的空气",意思是说,因为它吸足了燃素,所以失去了支持燃烧的能力。

但是,无论是舍勒,还是卡文迪许或普里斯特利,都没有及时公布发现氮的结论。因此,化学文献中大都认为氮在欧洲首先是由英国化学家丹尼尔·卢瑟福发现的。

就在同一年,英国化学家布拉克也在从事这一研究。他在一个钟罩内,放进燃烧着的木炭,而燃烧一阵子后,木炭就熄灭了。布拉克认为木炭在钟罩内燃烧可以生成"固定空气"(即二氧化碳)。当布拉克用氢氧化钾溶液吸收了二氧化碳后,钟罩内仍有一定的剩余气体留下来。这种神秘的气体到底有何性质?他无法回答。为了寻求答案,布拉克要求他的得意门生卢瑟福继续研究这个问题。

卢瑟福用动物重做这个实验。当

自然界绝大部分的氮是以单质分子氮气的形式存在于大气中,氮气占空气体积的78%。

他把老鼠放入密闭钟罩内时, 老鼠会被闷死。老鼠闷死后, 罩内气体的体积缩小了十分之一。若将密闭器皿内的气体用碱液去吸收, 发现气体的体积又继续失去十分之一。可是一个奇怪的现象吸引了卢瑟福, 在这老鼠也无法生活的气体里, 居然可以点燃蜡烛, 你可见到烛光隐现。而当烛光熄灭以后, 如果往密闭容器内投入少许磷, 磷又可继续燃烧……

卢瑟福的实验使他明确了这样 2个问题: 一是人们很难从空气中把氧气全部除净; 二是这种剩余的气体既不助燃, 也无助于呼吸。它不能维持动物的生命, 并具有灭火作用。这种气体在水和氢氧化钾溶液中也不溶解。卢瑟福把这种气体称为"油气"或"毒气", 也就是没有燃素的气, 因此不会再被用作燃烧的气。卢瑟福是虔诚的"燃素说"支持者, 他犯了一个极大的错误, 他不承认"油气"是空气的一种成分。因此, 尽管他发现了氮气的存在, 但却无法摆脱传统观念的束缚, 对气体的性质作科学的阐释, 所以在距离真理只有一步远的地方停了下来。

不久, 法国科学家拉瓦锡摆脱了传统错误理论燃素说的束缚, 以实验为根据, 经过科学的分析和判断, 他发现这种"气体"很不活泼, 是一种不助燃、不能维持生命的气体, 因此将其命名为"氮", 意为"没有生命"。

名人名言

了解和解释现象, 使我忘却了一切的一切, 因为假使能达到最后的目的, 那么这种考察是何等愉快啊……它可从心底涌现!

——舍勒

氮气的用途

氮气无色、无味, 在工业上最大的用途是用于合成氨。氮是构成人体蛋白质的主要元素, 同时是植物生长必需的营养要素之一。在食品工业中用来防止食品由于氧化、发霉或细菌作用而腐烂变质。氮气不能供给呼吸, 在低氧高氮的环境中害虫会窒息, 植物的代谢作用会减慢, 所以氮气常被用于保藏珍贵的书画, 贮藏粮食、蔬菜。在焊接方面氮气有助于防止氧化, 在冶金工业中有助于渗碳及除碳, 在塑料、橡胶成型中, 可作为发泡剂。

氧 气

Oxygen 燃烧学最坚固的基石

氧气的发现，在化学史上有着十分重要的意义。它使化学理论发生革命，把17世纪下半叶至18世纪中叶流行的燃素说推向了崩溃的边缘，成为了化学革命的导火线，更是科学燃烧学说赖以建立的一块最坚固的基石。

17世纪下半叶至18世纪70年代，德国化学家施塔尔提出的燃素说在化学领域占统治地位。燃素说解释燃烧现象时，错误地认为一切与燃烧有关的化学变化都可以归结为物体吸收燃素和释放燃素的过程。其主要错误是把灰说成是单质，却又把金属说成化合物，并把金属的燃烧过程说成是分解反应。如果确有燃素这种物质存在，它就应具有重量，然而，金属经煅烧释放燃素后重量非但没有减少，反而增加。

但是，由于燃素说解释了某些燃烧现象，使当时的化学家对它深信不疑，以至其统治化学达百年之久。正是因为许多化学家固执地遵循燃素说前行，致使氧气由发现到最终被确认的过程充满了艰辛和曲折。

1772年，瑞典化学家舍勒用加热氧化汞、硝酸盐以及让软锰矿与浓硫酸相互作用等多种方法制得了氧气。他发现蜡烛在这种气体中燃烧得更加猛烈，光芒耀眼；该气体可被硫酐（多硫化钾）和白磷所吸收等。他将这些实验结果写入《论火与空气》一书中。但由于出版商的延误，该书直到1777年才得以问世。

由于被燃素说蒙住了眼睛，舍勒未能对燃烧现象作出正确解释。他总想把自己的发现纳入当时流行的理论框架之中，因此在理

普里斯特利

论上却步不前。他把制得的氧气称为"火空气"，认为燃烧是"火空气"与可燃物中的燃素结合的过程，火就是"火空气"与燃素生成的化合物。

另外，舍勒还用软锰矿与盐酸作用制得过氯气，但他也给它贴上燃素说的标签，将其命名为"脱燃素盐酸"。

1774 年，普里斯特利用一个直径为 30 厘米的大凸透镜，把阳光聚焦起来，加热氧化汞，用排水集气法收集产生的气体，并研究了这种气体的性质。他发现蜡烛在这种气体中燃烧时，火焰更加明亮；老鼠在瓶中的存活时间为相同容积的普通空气的 2 倍。他用玻璃吸管从放满这种气体的大瓶里吸取它，感到十分轻松舒畅。

普里斯特利独立地发现并制得了氧气，成为第一位详细叙述了氧气的各种性质的科学家。但遗憾的是，普里斯特利和舍勒一样也是燃素说的忠诚信徒，他并没有认识到氧气在燃烧中的作用。他推断这种气体必然含有极少的燃素或不含燃素，并称它为"脱燃素空气"，意思是纯粹不含燃素的空气。

不久，普里斯特利和拉瓦锡见面时讨论了氧气的问题，普里斯特利便将氧气的制法和性质告诉了拉瓦锡。后来，拉瓦锡重复了这些实验，指出普里斯特利制出的气体不是"脱燃素空气"，而是能够助燃的氧气，同时，拉瓦锡还提出了燃烧反应的氧化学说。后来，拉瓦锡的氧气说终于被接受，统治化学界达百年之久的燃素说最终宣告破产，但是普里斯特利仍坚持自己错误的燃素说，并写了很多文章反对拉瓦锡。这是化学史上很有趣的事实，一位发现氧气的人，反而成为反氧化学说的人。

如今算来，普里斯特利已经是 200 多年前的化学家了，但是他所发现的氧气，却是使后来化学蓬勃发展的一个重要因素。因此，各国的化学家至今都还很尊敬他。

普里斯特利的实验装置

幼年的普里斯特利

约瑟夫·普里斯特利 1733 年 3 月 13 日出生于英格兰约克郡利兹市郊区的一个名叫菲尔德海德的农庄里。他的父亲乔纳斯·普里斯特利经营着这个收入微薄的小农庄，兼营毛织品的加工和裁缝，以维持一家人的生活；约瑟夫·普里斯特利是家中的长子，由于家境艰难，同外公、外婆一起度过了大部分的童年时光。1739 年，他的母亲去世了，他又被送到姑母家里居住。自幼漂泊不定的生活，养成了普里斯特利善于独立思考的习惯，这对他将来研究化学打下了基础。

燃烧理论

Theory of Combustion —— 一场深刻的化学革命

人们对于燃烧现象的正确认识是伴随着气体化学的发展而发展的。18世纪下半叶，随着化学知识的积累和化学实验的不断丰富，人们在发现多种气体的基础上认识到了空气的复杂成分，这就为科学的燃烧理论开辟了道路。

远古时代，火的使用使人类从野蛮状态走向文明。10世纪以前，人们认为物质燃烧取决于一种特殊的"燃素"。近代以来，关于燃烧现象的本质众说纷纭。自17世纪下半叶至18世纪70年代，欧洲比较流行的是有严重错误的燃素说。燃素说错误地认为物质在燃烧时，可燃的要素是一种气态的物质，存在于一切可燃物质中。

🌿 拉瓦锡针对当时化学物质的命名呈现一派混乱不堪的状况，与其他人合作制定出化学物质的命名原则，创立了化学物质分类的新体系。

🌿 古人钻木取火。

1774年，普里斯特利发现氧气时，正在英国舍尔伯恩伯爵的图书馆里工作。这年10月，普里斯特利应邀拜访了法国著名化学家拉瓦锡。他把自己的实验和新发现的气体——"脱燃素空气"——告诉了拉瓦锡。拉瓦锡深受启发，他回到自己的实验室，多次重复做普里斯特利的实验，结果发现普里斯特利制出的气体并不是"脱燃素空气"，而是能够助燃的氧气。

后来，拉瓦锡做了许多关于燃烧的实验，像磷、硫、木炭的燃烧，有机物质的燃烧，锡、铅、铁的燃烧，氧化铅、硝酸钾的分解等。经过这些实验，他终于得出了这样的结论：空气是由2种气体组成，一种是能够帮助燃烧的，称为"氧气"；另一种是不能帮助燃烧的，他称之为"窒息空气"——"氮气"。并由此揭开了燃烧之谜。

燃烧，并不是像燃素学说所说的那样，是燃素从燃烧物中分离的过程，而是燃烧物质空气中的氧气化合的过程，在这一过程中同时产生光和热。

例如水银的加热实验：受热时，水银和氧气化合，变成了红色的"渣滓"——氧化汞。由于钟罩里的氧气渐渐地都和水银化合了，所以加热到第12天以后，氧化汞的量就很少再增加。然而，当猛烈地加热氧化汞时，它又会分解，放出氧气，在瓶中析出水银。

1777年9月5日,拉瓦锡向法国科学院提交了划时代的《燃烧概论》，系统地阐述了燃烧的氧化学说，清楚地、令人信服地说明了燃烧的本质，批判了燃素学说。他把自己的燃烧理论，归纳成这样4点：

①燃烧时放出光和热。

②物质只在氧气中燃烧。

③氧气在燃烧时被消耗；燃烧物在燃烧后所增加的重量，等于所消耗的氧气的重量。

④燃烧后，非金属燃烧物往往变成酸性氧化物，而金属则变为残渣。

新生事物常常会遭到旧势力的排斥。尽管在当时，拉瓦锡已经十分明白地揭示了燃烧的秘密，但是，仍然有一些化学家死抱住燃素学说不放，连著名的罗维兹在1786年还企图用实验证明燃素的存在。

到了18世纪末，拉瓦锡的学说终于被化学界普遍承认，燃素学说终于被推翻了。科学的氧化燃烧理论的提出和建立，实践了一场深刻的化学革命，确立了科学的近代化学。

拉瓦锡的死

1794年5月8日,51岁的拉瓦锡被指控"在士兵的烟草中掺水"，而被押上断头台。临刑前，拉瓦锡留下了最后的遗言："情愿被剥夺一切，只要让我做一名普通的药剂师，做一点化学试验，就心满意足了。"然而，他的要求没有得到批准。随着行刑官一声令下，他的脑袋被无知而残酷的刽子手砍了下来。数学家拉格朗日痛惜地说："他们可以一瞬间把拉瓦锡的头割下，而他那样的头脑一百年也许都长不出一个来！"

史前人类学会使用火，与现代人发明使用计算机一样具有划时代的深远意义。从此，人类告别了黑暗和寒冷，开始了吃熟食的文明生活。

氢气
Hydrogen 最轻的气体

氢是宇宙间最丰富的元素，尽管它并不是以单质形态存在于地球上，可是太阳和其他一些星球却由大量的纯氢构成。这种星球上发生的氢热核反应所产生的光和热普照四方，温暖了整个宇宙。

氢气是世界上最轻的气体，它的密度非常小，只有空气的1/14。

在18世纪末以前，曾经有不少人做过制取氢气的实验，所以实际上很难说是谁发现了氢气，即使是对氢气的发现和研究有过很大贡献的英国科学家卡文迪许，也认为氢气的发现不只是他个人的功劳。

早在16世纪，瑞士著名医生帕拉塞斯就描述过铁屑与酸接触时有一种气体产生；17世纪时，比利时著名的医疗化学派学者海尔蒙特曾偶然接触过这种气体，但没有把它离析、收集起来。尽管波义耳偶然收集过这种气体，但并未进行研究。他们只知道它可燃，此外就很少了解。1700年，法国药剂师勒梅里在巴黎科学院的《报告》上也提到过它。

最早把氢气收集起来，并对它的性质仔细加以研究的是卡文迪许。因此，在化学元素发现史上氢气的发现者目前公认的是卡文迪许。

1766年，卡文迪许用铁、锌等与稀硫酸、稀盐酸作用制得一种气体，他把这种气体命名为"易燃空气"（实际就是氢气）。他用普利斯特利发明的排水集气法把它收集起来，进行研究。他发现这种气体与空气混合后点燃会发生爆炸，与氧气化合后会生成水。不仅如此，卡文迪许还发现该气体不溶于水和碱液，与各种不同类型的酸作用时，所产生的量都是固定的，酸的种类、浓度都影响不了它。这样特殊的性质与其他已知气体

卡文迪许出身豪门，但生活俭朴。他终身未娶，毕生从事科学研究，在化学和物理实验方面作出了卓越贡献，被称为"一切有学问的人中最富有的人，也是一切富人中最有学问的人"。

1783年8月27日，查理把他的氢气球释放升空，这是人类第一次成功地完成载人氢气球的飞行。其后数年间，这种灌氢的气球在法国大行其道，被称为"查理气球"。

都不相同，因此他推论这是一种新的元素。

然而，卡文迪许对燃素说非常忠诚，根据他的理解，这种气体燃烧起来这么猛烈，一定富含燃素，硫磺燃烧后成为硫酸，那么硫酸中是没有燃素的，而按照燃素说金属也是含燃素的。所以，他错误地认为这种气体是从金属中分解出来的，而不是来自酸中。

由于氢气的密度很小，卡文迪许曾一度把它当成梦寐以求的燃素。这种推测很快就得到当时的一些杰出化学家，如舍勒、基尔万等的赞同。其他许多燃素论者也因此而欢欣鼓舞。由于充满氢气的气球在空气中会徐徐上升，这种现象在当时曾被一些燃素学说的信奉者们当成他们论证燃素具有负重量的重要根据。但好景不长，科学态度严谨的卡文迪许通过一系列的实验终于弄清了空气浮力问题，而且证明了氢气是有重量的，只是密度比空气小得多而已，不能作为燃素存在的证明。

1782年，法国化学家拉瓦锡在建立正确的燃烧理论的基础上，用红热的枪筒分解了水蒸气，他明确地提出：水不是元素而是氢和氧的化合物。这个正确的结论纠正了2000多年来把水当作元素的错误概念。此后的1787年，他把卡文迪许称作"易燃空气"的这种气体命名为"Hydrogen"（氢），意思是"产生水的"，并确认它是一种元素。

沉睡了100年的手稿

1810年，卡文迪许逝世，他的侄子齐治把卡文迪许遗留下的20捆实验笔记完好地放进了书橱里。这些手稿在书橱里一放竟是60多年。1871年，电学大师麦克斯韦应聘担任剑桥大学教授，并负责筹建卡文迪许实验室时，这些笔记才获得了重返人间的机会。麦克斯韦仔细阅读了前辈在100年前的手稿，非常惊讶地说："原来，卡文迪许几乎预料到了电学上的所有伟大事实！"此后，麦克斯韦决定搁下手头一些研究课题，整理这些手稿，使卡文迪许的光辉思想得以流传。

名人名言

我认为科学家的时间应当最少地用在生活上，最多地用在科学上。

——卡文迪许

分子原子学说

Theory of Molecule and Atom **近代化学的重要基础**

分子原子学说揭示了微观粒子的组合方式，为人们研究化学反应的本质、进一步研究物质的微观结构打开了关键的一扇大门。它所揭示的化学反应现象与本质的关系，冲击了当时僵化的自然观，对整个哲学认识论的发展起到了促进作用。

物质是由原子构成的这一猜想，对 18 世纪以前的人们来说并不陌生，但是真正把这一猜想从推测转变为科学概念的，是英国的道尔顿。

道尔顿一直从事原子问题的研究，1803 年 9 月，他提出了相关的著名论断：①原子是组成化学元素的、非常微小的、不可以再分割的物质微粒。在化学反应中原子保持其本来的性质。②同一种元素的所有原子的质量以及其他性质是完全相同的，不同元素的原子具有不同的质量以及其他性质，原子的质量是每一种元素的原子的最根本特征。③有简单数值比的元素的原子结合时，其原子之间就发生化学反应而生成化合物，化合物的原子称为复杂原子。④一种元素的原子与另一种元素的原子化合时，它们之间构成简单的数值比。

同年 10 月 21 日，道尔顿报告了他的化学原子论，并且宣读了他的第二篇论文《第一张关于物体的最小质点的相对重量表》。他的理论引起了科学界的广泛重视。

1804 年以后，道尔顿又对甲烷和乙烯的化学成分进行分析实验，在这个过程中，他发现了倍比定律：相同的 2 种元素生成 2 种或 2 种以上的化合物时，若其中一种元素的质量不变，另一种元素在化合物中的

🌼 **约翰·道尔顿**
(1766～1844)，英国近代化学家，近代化学的奠基人。

相对重量成简单的整数比。道尔顿认为倍比定律既可看作原子论的一个推论，又可看作是对原子论的一个证明。几年后，汤姆逊在《化学体系》一书中详细地介绍了道尔顿的原子论。

就在1804年，道尔顿的主要化学著作《化学哲学的新体系》正式出版，书中详细记载了道尔顿的原子论的主要实验和主要理论，自此道尔顿的原子论才正式问世。

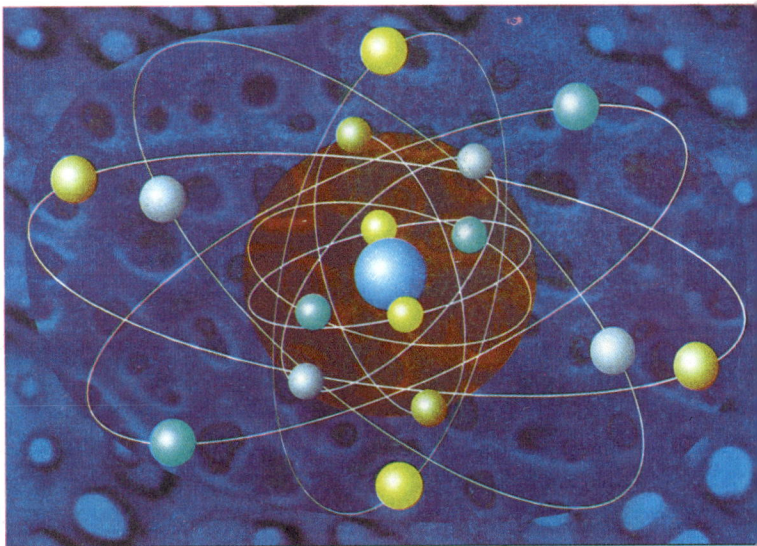

原子结构最里面的原子核，以及外层环绕原子核不同状态下的电子。

道尔顿的原子学说具备了雄厚的科学依据，但是新的实验事实面前又出现了新的矛盾，它最大的缺点就是必须根据人们事先已知某种化合物的存在，来决定其化合物的分子式。

1811年，意大利科学家阿伏伽德罗在原子学说中引进分子概念。他认为，构成气体的粒子不是原子，而是分子。单质的分子由同种原子构成，化合物的分子由几种不同的原子构成。阿伏伽德罗的假设基本上克服了道尔顿原子学说的缺点。事实上，如果没有阿伏伽德罗的补充，那么分子原子学说是不能被真正确立的。

经阿伏伽德罗补充的这个分子原子学说比以前的原子学说又有了很大进展。过去，在原子和宏观物质之间没有任何过渡，要从原子推论各种物质的性质是很困难的。现在，在物质结构中发现了分子、原子这样不同的层次。因而我们可以认为，人们对于物质是怎样构成的问题，其认识已经接近物质的本来面貌了。

名人名言 →

如果我比我周围的人获得更多的成就的话，那主要——不，我可以说，几乎单纯地——是由于不懈的努力。

——约翰·道尔顿

知识渊博的学者

道尔顿很早就开始进行气象观测。在肯达尔，在一个盲人学者的指导下他掌握了记录气象日记的方法，从21岁时，道尔顿开始记气象日记，坚持了整整57年。直到临终的前一天，他还记下了一段气象观察。就是这股学习的韧劲使他攻下了一个又一个的学习难关。虚心地求教和不倦地自学终于使道尔顿成为一位知识渊博的学者。

碘
Iodine 海洋植物中的元素

碘化钾、碘化钠、碘酸盐等含碘化合物，在实验室里是重要试剂；在食品和医疗上，它们又是重要的养分和药剂，对于维护人体健康起着重要的作用。在人体内，碘是一种必需的微量元素，人体缺碘可导致一系列生化紊乱及生理功能异常，由此可见碘的重要性。

碘是一个变化多端的元素，它虽然属于非金属元素，却又闪耀着金属般的光芒；它虽然是固体，却又很容易升华，只要一加热，它可以不经过液态而直接变成气态。人们常常以为碘蒸气是紫色的，其实不然，这是因为里面夹杂着空气，纯净的碘蒸气是蓝色的。

在法国第戎附近的诺曼底海岸有许多浅滩，海生植物受到海浪和潮水的冲击，会漂浮到浅滩上。在退潮的时候，一个名叫库特瓦的年轻人经常到那里采集黑角菜、昆布和其他藻类植物。这些采集物经晒干后烧成灰，再用水浸渍就得到一种溶液，这种溶液经蒸发后可先后结晶出氯化钠、氯化钾和硫酸钾，其中氯化钾可用来生产硝石。

液体碘

库特瓦出生于法国的第戎，他的家与有名的第戎学院隔街相望。他的父亲是硝石工厂的厂主，并在第戎学院任教，还常常做一些化学讲演。库特瓦一面在硝石工厂做工，一面在第戎学院学习。他很喜欢化学，后来又进入综合工业学院深造。毕业后当过药剂师和化学家的助手，后来又回到第戎，帮助父亲经营硝石工厂。

一次，库特瓦在处理硫酸钾的母液时，加入了浓硫酸，不料，容器上方竟然产生了紫色的蒸气，犹如美丽的云彩冉冉上升。最后这种使人窒息的蒸气竟然充满了实验室，当蒸气在冷的物体上凝结时，它并不变成液体，而是成为一种暗黑色的带有金属光泽的结晶。这一现象使库特瓦非常惊讶，他对这种结晶体进一步研究，发现这种新物质不易跟氧或碳发生反应，但能与氢和磷化合，也能与锌直接化合。尤为奇特的是这种物质不能为高温分解。库特瓦根据这一事实推想，它可能是一种新的元素。

由于库特瓦的实验设备简陋，药物缺乏，加之他还要把主要精力放在经营硝石工业上，所以他无法证实这种新物质是新元素。最后他只好请法国化学家德索尔姆和克莱芒继续这一研究，并同意他们自由地向科学界宣布这种新元素的发现经过。

🌸 藻类中含有丰富的碘。

经过深入的研究，1813 年，德索尔姆和克莱芒发表了题为《库特瓦先生从一种碱金属盐中发现新物质》的报告。他们在研究报告中写道："从海藻灰所得的溶液中含有一种特别奇异的东西，它很容易提取，方法是将硫酸倾入溶液中，放进曲颈瓶内加热，并用导管将曲颈瓶的口与采集器连接。溶液中析出一种黑色有光泽的粉末，加热后，紫色蒸气冉冉上升，蒸气凝结在导管和球形器内，结成片状晶体。"他们相信这种结晶是一种与氯类似的新元素。

为了进一步达到确定的答案，他们又向化学权威戴维、盖·吕萨克、安培等人做了报告。戴维用直流电将碳丝烧成红热，使它与这种结晶接触，并不能把它分解，证明它是一种元素。1814 年，这一元素被定名为碘，希腊文意为"紫色"。

名人名言 →

我的那些最主要的发现是受到失败的启示而作出的。

——戴维

🌸 为国争光

库特瓦成功地分离出了新元素，他把这种元素交给化学家克莱芒和德索尔姆进行研究。但是，这两位化学家没有发表任何研究成果，就把这种新物质交给了英国化学家戴维去研究。法国化学家盖·吕萨克得知此事后，非常着急，为了给自己的祖国争得荣誉，他日以继夜地工作着，终于在几天后制得了这一新元素，并将它命名为"碘"，并证明在氢碘酸中无氧。不久，戴维关于碘的研究报告也发表了，但盖·吕萨克为国争光的宏愿已经实现。

臭 氧

Ozone 天然的保护屏障

臭氧层就像撑在空中的一把伞,保护着地球上的生灵。尽管只是薄薄的一层,但却能有效地阻挡太阳光线中对人体和生物造成伤害的那部分紫外线的照射。亿万年来,万物生灵在臭氧层的荫护下得以生存和繁衍。

地球上的人类和生物亿万年来能够正常地生长发育,世代繁衍,仰仗了一种特殊物质的保护,这种物质就是臭氧。

自然界的臭氧主要分布在距地面15千米到50千米的大气平流层中,形成一个环绕地球的臭氧层,是太阳紫外线的天然屏障。尽管这种屏障只是薄薄的一层,但却能有效地阻挡太阳光线中对人体和生物造成伤害的那部分紫外线的照射。如果这种物质消失了,我们赖以生存的地球就会成为一个不设防的星球,能杀伤生物的紫外线便无遮无拦地长驱直入,地球上的生灵就会灭绝。

其实,臭氧很早就被人发现了。当时人们用兽皮毛摩擦物体时嗅到特殊臭味的气体,这就是臭氧。琥珀是树脂在地层下受压后形成的一种黄色至红褐色半透明的天然塑料,表面光滑,古代人们从地下挖掘到它后,用它

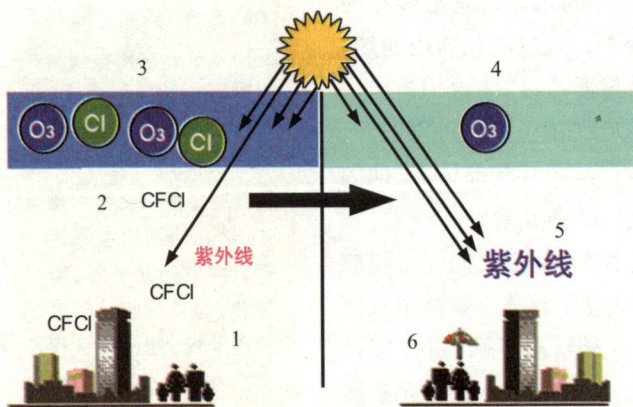

1.氟氯化碳(CFCl)释放到空气中;
2.氟氯化碳向上升到臭氧层;
3.在紫外线照射下,氯(Cl)从氟氯化碳中分离出来;
4.氯破坏臭氧层;5.臭氧减少导致紫外线照射增强;
6.强烈的紫外线照射极易引起皮肤病变。

由于全球气候变暖，引起极低冰川消融，甚至解体，按目前各冰川的体积计算，南极冰盖若全部融化，将会使全球海平面上升约65米，给人类的生存带来巨大威胁。

制成玩赏的小饰件，琥珀受到皮毛摩擦后产生静电放电，会使周边空气中的氧气转变成臭氧。

现今，臭氧也是在放电中被发现和制成的。在近代化学实验中最早制得臭氧的是荷兰化学家马鲁姆。1785年，他在密闭的玻璃管中汞面上的氧气通电后，发觉有一股非常强烈的臭味，好像是电气的味道。但是，他并不知道这股臭味到底是什么。

直到1840年，德国化学家舍恩拜因在空气中进行放电实验，也嗅到了这种电气的味道，他认为，这种臭味和氯以及溴属于同类气味。4年后，他又发现白磷在空气中发光氧化时也产生这种臭味，更发现它能将碘化钾中的碘释放出来，并能将2价亚铁盐氧化成3价铁盐。他认为氮气是这种气体和氢气的化合物。

于是，舍恩拜因继续投入研究这种气体之中。1854年，终于有了重大发现，他在论文中指出：氧气除了普通的氧气外，还有一种"ozonized"氧气，希腊文意为"臭味"。

同一时期，还有一些人发现过它。1845年，瑞士化学家马里纳和德拉里夫，各自加热氯酸钾获得氧气后，经干燥，在其中放电而获得臭氧。他们认为它是一种化学性质特别活泼的氧气。直到1865年，瑞士化学家索雷特才找到它的分子式 O_3，并在2年后由另一位化学家确认，它是氧气的一种同素异形体。

目前，世界上还为此专门设立国际保护臭氧层日。但是，臭氧不是越多越好，如果大气中的臭氧，尤其是地面附近的大气中的臭氧聚集过多，对人类来说臭氧浓度过高反而是个祸害。因此，臭氧对人类来说既有益也有害。

臭氧层空洞是大气污染造成的严重后果，如果臭氧层这个屏障被破坏，阳光中的有害紫外线就会直达地面，给人类和其他生物带来危害。

元素周期律

The Periodic Table of Chemical Elements "纸牌"里的发现

宇宙间存在着多种多样的元素，它们不是一群乌合之众，而是像一支训练有素的军队，按照严格的命令井然有序地排列着的，这一切我们可以从门捷列夫编制的元素周期表中看出。

元素周期表揭示了物质世界的秘密，把一些看来似乎互不相关的元素统一起来，组成了一个完整的自然体系。它的发明，是近代化学史上的一个创举，对于促进化学的发展起了巨大的作用。看到这张表，人们便会想到它的最早发明者——门捷列夫。

1861 年，门捷列夫任圣彼得堡大学的教授，在编写无机化学讲义的时候，按照什么次序排列元素的位置成了一道难题。

当时化学界发现的化学元素已达 63 种。为了研究有关元素之间的内在联系、寻找元素的科学分类方法，门捷列夫废寝忘食地工作着。为此，他还专门想了一个办法，他剪了许多大小相同的卡片，制成一副特殊的"纸牌"，每一张纸牌上都写着元素的名称、原子量、化合物的化学式和主要性质。他按照原子量的大小依次排列起来，他发现性质相似的元素，它们的原子量并不相近；相反，有些性质不

门捷列夫 (1834～1907)，俄国化学家。他因发现了化学元素周期律而获得英国皇家学会戴维奖章，也因而声名远播。在实验室里，他不分昼夜地研究，探求元素的化学特性和它们一般的原子特性。他企图在元素全部的复杂特性里，捕捉元素的共同性，但是他的研究一次又一次地失败了，可他没有退缩，直到最终有了巨大的突破。

同的元素，它们的原子量反而相近。他紧紧抓住元素的原子量与性质之间的相互关系，不停地研究着……但是10多年过去了，门捷列夫都没能够在杂乱无章的元素卡片中找到内在的规律。

一天，他又坐到桌前摆弄起"纸牌"来，摆着摆着，门捷列夫像触电似地站了起来，在他面前出现了完全没有料到的现象：每一行元素的性质都是按照原子量的增大而从上到下地逐渐变化着。门捷列夫激动不已，他决定根据元素原子量及其化学性质的近似性试排元素表。

1869年2月底，门捷列夫把当时已发现的63种元素按其原子量和性质排列成一张表，竖行表示主族，横列表示周期。在这个过程中他发现，从任何一种元素算起，每数到第八个就和第一个元素的性质相近，他把这样周期性变化的规律称为"八音律"。

由于时代的局限性，门捷列夫的元素周期律并不是完整无缺的。1894年，惰性气体氩的发现，对周期律是一次考验和补充。1913年，英国物理学家莫塞莱在研究各种元素的伦琴射线波长与原子序数的关系后，证实原子序数在数量上等于原子核所带的正电荷，进而明确作为周期律的基础不是原子量而是原子序数。在周期律指导下产生的原子结构学说，不仅赋予元素周期律以新的说明，并且进一步阐明了周期律的本质，把周期律这一自然法则放在更严格、更科学的基础上。

元素周期律经过后人的不断完善和发展，在人们认识自然、改造自然、征服自然的斗争中，发挥着越来越大的作用。

1869年，门捷列夫发现了元素周期律和元素周期表，在元素周期律的指导下，利用元素之间的一些规律性知识来分类学习物质的性质，就使化学学习和研究变得有规律可循。

为科学献身

化学元素周期律问世后，记者向门捷列夫打听成功的奥秘，说："先生，元素周期表您是不是在梦中发现的？"门捷列夫听了哈哈大笑，回答说："没那么简单！这个课题整整折磨了我20年之久！"为了表彰他在研究元素周期律上所做的贡献，1882年，他获得英国化学学会授予的戴维奖章。门捷列夫在写《有机化学》一书时，几乎整整2个月没有离开过书桌。1907年，门捷列夫握着笔，坐在椅子上与世长辞，他面前的写字桌上是一本未写完的关于科学和教育的著作。

同位素

Isotope 丰富化学元素的概念

在化学元素周期表中，多数的"位置"同时都有几位"主人"共同占据着，这就是处于同一位置的"同位素"。同位素的发现丰富了化学元素的概念，而且还将科学家的目光引导到寻找基本粒子规律性的主题上面，为日后化学学科开辟广阔的新领域作出了重大的贡献。

早在 19 世纪初，化学家发现一个事实，根据化学反应求得的原子量，大体上是氢原子量的整数倍，但是少数元素

克鲁克斯的实验工具

英国著名化学家克鲁克斯

的原子除外，如镁和氯。为了解释这种事实，1815 年，英国年轻化学家普劳特提出一个看法，氢是母体，其他元素原子的原子量都是氢的整数倍。至于有的元素的原子量总是小数，这是实验误差造成的。

到了 19 世纪 80 年代，英国著名化学家克鲁克斯做了多次实验，他认为出现小数的原子量绝非实验误差所致。他大胆地假设：同一元素原子可以有不同的原子量，这种原子量不同的原子，化学性质极其相似，相互混杂，因此化学家测定元素的原子量是各不同量原子的原子量平均值。克鲁克斯的看法是很接近事实的，可惜当时他无法用实验来说明，因而不能取得化学界的共识。

克鲁克斯的假设引起了英国物理学家阿斯顿的兴趣，他用实验来研究这个问题。为了能够精确测定原子量，他制造了一个由离子源、分析器和收集器 3 部分组成的仪器——质谱仪。

他用质谱仪测定氯的原子量总是 35.457。在质谱仪照片中，氯留下一大一小两个黑斑。根据它的位置偏离程度，很容易算出氯的原子量有 35 和 37 两种，它们的比约为 4：1，由此得到原子量平均值正是 35.457。后来，他还

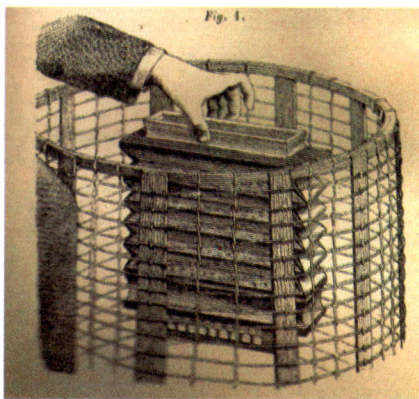

🦋 *克鲁克斯的实验*

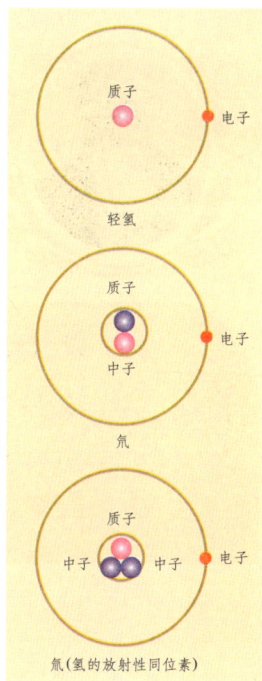

氚（氢的放射性同位素）

用它测定了其他元素的同位素，他测定出氖元素有 3 种原子，并因此求得氖的原子量为 20.18。

阿斯顿的实验具有划时代的意义，但由于他毕竟不是一个化学家，没有去进行更进一步的研究。

20 世纪初，美国化学家伍德沃德发现有 2 种半衰期不同的钍元素。1910 年，索迪首先提出同位素概念：在元素周期表里的位置相同而原子量不同的原子互称同位素。现在的说法是质子数相同、中子数不同的同一元素的不同原子互称同位素。例如，钍有 232 和 228，氯有 35 和 37 等。索迪预言一种元素有 2 种或 2 种以上的同位素，这应是普遍现象。

索迪的预言已为现代化学发展所证实。目前化学家发现，绝大多数元素有同位素，迄今已发现 489 种天然同位素，其中稳定的有 264 种，天然放射性同位素有 225 种，如加上人工方法制造的已超过 2000 种。

至此，有关确认同位素存在的工作告了一个段落，索迪和阿斯顿 2 人在同位素领域中所作的卓越贡献历史会予以铭记，诺贝尔化学奖就是最好的见证。

同位素的发现，使人们对原子结构的认识更深一步。这不仅使元素概念有了新的含义，而且使相对原子质量的基准也发生了重大的变革，再一次证明了决定元素化学性质的是质子数（核电荷数），而不是原子质量数。于是化学家取得共识：根据原子核内电荷多少给原子分类，把核电荷数相同的一类原子称为元素。

🌸 社会活动家索迪

第一次世界大战中，化学家索迪的一个朋友化学家莫斯莱，投笔从戎，战死在战场。当时，莫斯莱年仅 27 岁，在化学方面已经崭露头角，但却过早地去世了。索迪和整个英国科学界都非常悲痛。为什么科学的进步不能阻止战争，反而加剧了战争给人们造成的危害？索迪深感科学的进步与社会的发展很不协调，从此，他开始关心起科学与社会的关系等问题，并积极参加各种有关的社会活动，成为一个知名的社会活动家。

纳米科技

Nano Technology **21世纪三大技术之一**

纳米技术是诞生于20世纪末期的一门新兴的学科。尽管纳米科技问世的时间不长，但它带来的冲击却是明显的。越来越多的科学家相信，这项新兴科学技术将带来新一轮的技术革命，人们将凭借它进入一个奇妙的崭新世界。

随着人类对物质微观世界认识的不断进步，在20世纪进入尾声的时候，一门新兴的学科——纳米科技——诞生了。第一届国际纳米科学技术学术会议于1990年7月在美国召开，正式把纳米材料作为材料科学的一个新分支。

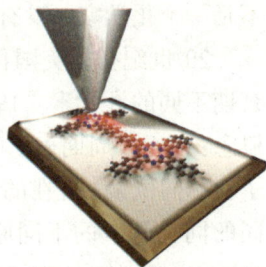

什么是纳米技术？"纳米"是英文 nanometer 的译名，它是一种度量单位，1纳米为百万分之一毫微米，也就是十亿分之一米，约相当于45个氢原子串起来那么长。纳米结构通常是指尺寸在100纳米以下的微小结构。

1981年，扫描隧道显微镜发明后，便诞生了一门以0.1～100纳米长度为研究尺度的新学科，它的最终目标是直接以原子或分子来构造具有特定功能的产品。因此，纳米技术其实就是一种在分子量级研究材料功能系统的工程。虽然纳米技术是尖端科技，但却早就存在于我们身边。举例来说，就是莲花表面的出污泥而不染的特性。莲花表面的细致结构和粗糙度大小都在纳米尺度的范围内，所以不易吸附污泥灰尘。

1984年，德国著名学者格莱特把6纳米的金属粉末压制成纳米块，并详细研究了它的内部结构，结果

🌿 利用纳米技术制造的单分子逻辑开关

🌿 计算机模拟的纳米世界

发现它比普通钢铁的强度要高 12 倍，硬度要高 2~3 个数量级，根据这一特性，格莱特制出了世界上第一块纳米材料，开纳米材料学之先河，导致了科学家们对物质在纳米量级内物理性能变化和应用的广泛研究。

6 年后，第一次纳米科技大会在美国举行，《纳米技术杂志》正式创刊，纳米科学技术由此正式宣告"开宗立派"。

纳米技术可使许多传统产品"旧貌换新颜"，把纳米颗粒或者纳米材料添加到传统材料中，可改进材料性能，或获得新的性能。纳米材料是纳米科技领域比较成熟的组成部分，也是纳米科技的发展基础。所谓纳米材料，是指由纳米颗粒构成的固体材料，其中纳米颗粒的尺寸最大不超过 100 纳米，在通常情况下不超过 10 纳米。由纳米颗粒最后制成的材料与普通材料相比，在机械强度、磁、光、声、热等方面都有很大的不同，由此人们可制造出各种性能优良的特殊材料。

按目前的研究状况，纳米科技一般分为纳米材料学、纳米电子学、纳米生物学和纳米制造学、纳米光学等，这其中的每一门学科又都具有跨学科性质，是集研究与应用于一体的边缘学科与综合体系。

尽管纳米科学技术在 20 世纪，仅是刚刚露出尖尖角的小荷，但近年来科技的突飞猛进，正使梦幻一般的纳米时代提前到来，空中楼阁将会变成了真实的世界。有科学家乐观地预计，纳米技术在今后二三十年内将从根本上改变人类的处境。

科学家设想纳米机器人可以更方便地治疗一些疾病。

名人名言 →→→

从来没有像这样一种涉及广泛的技术有希望如此大、如此快地改变世界。很明显，纳米技术将使人们以更低的成本获得更高的价值和生活质量。

——詹姆斯·坎顿

神奇的纳米科技

纳米科技的用途很广，美国前总统克林顿曾举过 3 个很有代表性的例子：第一是材料方面的应用，这种材料的重量只是钢的 1/10，但是它的强度却是钢的 100 倍；第二是在信息领域进行高密度信息存储，通过纳米技术，可以提高存储密度。如果用纳米技术来做，一个 DVD 的光盘可以看 1000 部电影；第三个领域关系到人们的健康，通过纳米技术，可以使癌症得到早期的诊断、检测和治疗。

生命奇迹

中草药

Traditional Chinese Medicine 中国传统的精髓

中药和草药统称为中草药。与中华源远流长的文化一样，中草药的发现和发展也经历了漫长的岁月洗礼。相对于化学药品来说，中草药以其无可比拟的优越性能在医学领域的使用日益广泛，在国际上也日渐受到重视。

中草药的发现和应用，在我国已有几千年的历史，但"中药"一词的出现却是近代的事情。我国长期以来以"本草"作为中药的代名词。尽管中药有植物药、动物药、矿物药等不同的种类，然而其中以植物药最多，所以，自古相沿袭，就把中药称为本草，同时记载中药理论知识的文献书籍，也多以本草命名。近百年来，由于西洋医药学的传入，为了区分两种医药学，才开始有中医、中药之称。

中草药的发现相当早，在古代就有神农尝百草的传说。相传，神农氏是一位勤劳勇敢、聪明善良的人，他见到人们被疾病和伤痛折磨着，心中很是不安，便下定决心去寻找可以治病救命的药物。

他顶着烈日、冒着酷暑在山野之间采集各种草木的花、实、根、叶，细心地观察形状，仔细地品尝味道，并体会服食之后的感受。由于不知道一些药物的性能，神农氏经常因误食毒草而使身体受到损害。据《淮南子》记载："神农尝百草之滋味，水泉之甘苦，令民知所避就，一日而遇七十毒。"可见他尝百草的用

🌿 神农氏顶着炎炎烈日尝百草。

功之勤和受害之多。但是神农氏依然抱着为民除病的信念，没有一刻耽搁采摘、服食、品尝和记录。

终于有一天，他掌握了几百种草药的性味和功用，写成了《神农本草经》，为天下的百姓解除病痛。为了纪念神农氏尝百草造福人间的功绩，旧时的药铺里，常挂着一幅他的画像。

神农氏尝百草的传说向我们昭示了中草药发现的艰辛历程。事实上，中草药的发现过程是建立在人类长期的实践基础上的。早在原始时代，我们的祖先得以接触并了解某些植物或动物对人体可能产生的影响。

在原始时代，我们的祖先在生活与生产过程中，由于采食植物和狩猎，得以接触并逐渐了解这些植物和动物及其对人体的影响，不可避免地会引起某种药效反应或中毒现象，甚至造成死亡，因而使人们懂得在觅食时有所辨别和选择。为了同疾病作斗争，上述经验启示人们对某些自然物的药效和毒性予以注意。古人经过无数次有意识的试验、观察，逐渐从口耳相传到结绳契刻，最后到文字记载，这样逐渐形成最初的中药知识。

《神农本草经》就是以"本草经"命名的一部药物学专著。事实上，这部书成于东汉，并非出自一时一人之手，而是秦汉时期众多医学家总结、搜集、整理出来的。由于汉代托古之风盛行，人们尊古薄今，为了提高该书的地位，增强人们的信任感，因此书中借用神农遍尝百草，发现药物这妇孺皆知的传说，将神农冠于书名之首，定名为《神农本草经》（简称《本经》）。书中共记载药物 365 种，系统地总结了汉以前的药学成就，对后世本草学的发展具有深远的影响，唐、宋时期，朝廷曾组织专人整理修订本书。

到了明代，医学有了长足的发展，著名的医药学家李时珍的《本草纲目》集我国 16 世纪以前药学成就之大成，17 世纪末传播海外，先后有多种文字的译本，对世界自然科学也有举世公认的卓越贡献。

如今，随着现代自然科学技术和国家经济的发展，中草药的应用取得了前所未有的成就。

《神农本草经》

🌸 李时珍的故事

李时珍出生在一个医生世家。他的父亲医术很高，给穷人看病常常不收诊费，就是不愿意自己的儿子再当医生。因为那时候，行医是被人看不起的职业。李时珍可不这样想。他看到医生能救死扶伤，解除病人的痛苦，就立下志愿，要像父亲一样为穷人看病。有一回，父亲遇到了疑难病症，一时想不出有效的药方。李时珍凑到父亲耳边，轻轻地说了一个药方。父亲一听他说的药方正对症，才同意他学医。

解剖学

Anatomy 向人类生育史发起的成功挑战

解剖学是一门较古老的科学，早在史前时期，人们通过长期的实践，即已对动物和人体的外形与内部构造有一定的认识。如今，解剖学已经成为一门重要的医学主干课程，恩格斯曾说："没有解剖学，也就没有医学。"解剖学在医学中的至高地位，由此略见一斑。

维萨里与哥白尼齐名，均是科学革命中的代表人物，他所建立的解剖学为血液循环的发现开辟了道路。

中世纪的欧洲处于宗教统治的黑暗时代，解剖人体在当时是被当作违法的行为加以禁止，因此，解剖学和医学以及其他科学一样，都受到了限制而未能得到发展。

在 16 世纪以前，盖仑所著的《医经》是西欧医学的权威巨著，它也是西方最早的、较完整的解剖学论著。盖仑的许多有关人体的概念是建立在动物解剖基础上的，由于宗教的干预、禁锢，自盖仑之后几乎没人再研究动物的内部结构，医生们都只是接受盖仑所观察的结果。这一现状一直持续到 16 世纪，人们开始怀疑盖仑有关人体的概念。

安德烈·维萨里是帕多瓦大学的解剖学和外科学教授。在儿童时代，他就解剖过死的小鼠和小鸟，想想看看它们的内部究竟有些什么。后来，他在帕多瓦大学解剖过人体。维萨里在实践中掌握和积累了一定的解剖学知识和经验，他指出盖仑解剖学中的错误，并决心改变这种现象，纠正盖仑解剖学中的错误观点。

1543 年，维萨里出版了《人体结构》一书，全书共 7 册，书中系统完善地记述了人体各器官系统的形态构造，说明了神经是怎样和肌肉相连，骨头又如何接受营养以及大脑的复杂结构。维萨里冲破了以盖仑为代表的旧权威们臆测的解剖学理论，以大量、丰富的解剖实践资料对人体的结构进行了精确的描述。这

部著作的出版，澄清了盖仑学派的种种错误，使解剖学步入了正轨。

很快，所有以前的有关书籍都成为过时的东西了。到了16世纪末，维萨里有关解剖学的观点渐渐地被其他医生所接受，医学新发展的道路由此渐渐开辟出来。

继维萨里以后，17世纪哈维利用动物实验证明了血液循环的原理，首先提出了心脏血管是一套封闭的管道系统。他为生理学发展成一门独立的学科拉开了序幕，使生理学从解剖学中划分出去。列文虎克发明了显微镜；意大利解剖学家马尔比基观察了动植物的细胞，从而创建了组织学。

19世纪，德国植物学家施莱登和施旺创立了细胞学，推动了组织学和细胞学的发展。意大利神经解剖学家高尔基对神经系组织构造的仔细研究奠定了现代神经解剖学的基础；西班牙神经解剖学家卡哈尔的研究，更把神经解剖学的研究引向深入。19世纪以来，结合临床医学的发展，人体解剖学的研究也达到了全盛时期。

进入20世纪，医学的发展又促进了解剖学研究的深入，随着胸外科、肝外科等各种内脏外科手术的开展，又对器官内血管和管道等的形态提出了新的要求；CT和超声断层图的应用，也对断面解剖学提出了新的要求；随着血管缝合手术的提高，显微外科的开展，使显微外科解剖学最终得以建立。

✦ 维萨里遇难

1543年，年仅28岁的维萨里完成了巨著《人体构造》。这本书的发表因触犯了旧的传统观念，引起教会的极大不满，维萨里被迫离开了他执教的威尼斯共和国帕多瓦大学来到西班牙。但教会的魔爪不肯放过他，20年后，西班牙宗教裁判所诬陷维萨里用活人做解剖，判了维萨里死罪。由于国王出面干预，才免于死罪，改判往耶路撒冷朝圣，了结此案。在次年归航途中，航船遇险，维萨里不幸身亡。

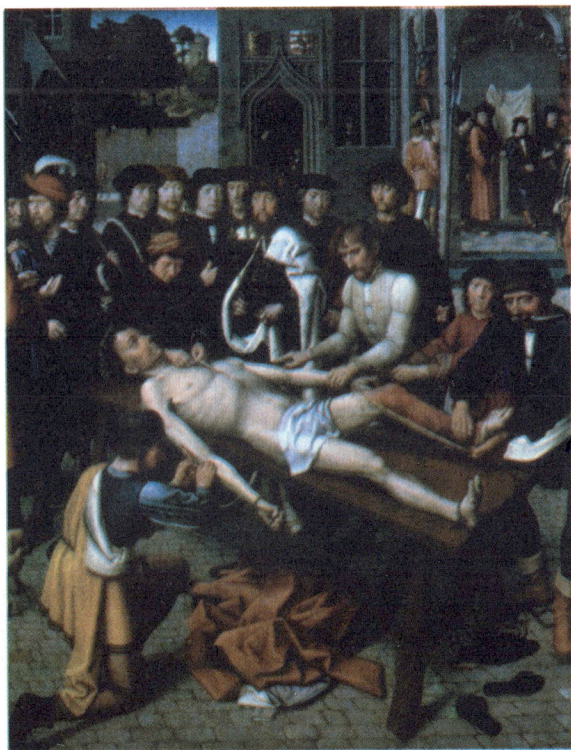

✦解剖学家、生理学家在和以天主教、新教为代表的教会势力进行了一场激烈而又残酷的斗争之后，终于被获准进行人体解剖。这样一来，人们从此就可以正确地认识自身的各种器官及其特性。

血液循环
Circulation of Blood 机体重要的机能

血液循环是机体最重要的机能之一，对它的正确认识有助于进一步了解人体的其他机能。这一重大规律的发现在自然科学，特别是实验科学历史上意义非凡，伟大的无产阶级革命导师恩格斯这样评价说："哈维由于发现了血液循环而把生理学确立为科学。"

血液循环是指血液在全身心血管系统内周而复始地循环流动，血液只有在全身循环流动才能发挥它多方面的机能。血液循环的规律，是随着医学的发展，经历了漫长的岁月，经过许多科学家的努力，最终才被完全揭示。

🌸 哈维

2～16 世纪间，欧洲医学界对心脏与血管联系的认识一直尊崇的是古罗马医生盖仑创立的血液运动理论。

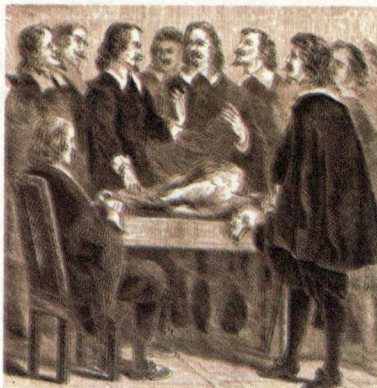

🌸 哈维向查理一世展示自己对心脏和血液循环的正确认识。

16 世纪，比利时解剖学家维萨里在自己的解剖实验中发现盖仑关于左心室与右心室相通的观点是错误的。维萨里因大胆挑战医学圣经而惨遭教会迫害。

西班牙医生塞尔维特经过实验研究发现血液从右心室经肺动脉进入肺，再由肺静脉返回左心室，这一发现称为肺循环。塞尔维特已接近发现血液循环，但还没等他把研究继续下去，他就因触犯当时被教会奉为权威的盖仑学说而被教会判处火刑，被活活烧死。所幸的是，塞尔维特关于血液循环的观点却被英国医学家哈维继承和发展了。

哈维从事解剖学研究多年，他曾对 40 余种动物进行了活体心脏解剖、结扎、灌注等实验，同时还做了大量的人体尸体解剖。他积累了很多观察和实验记录的材料，并开始怀疑盖仑的血液运动理论。

在深入研究了心脏的结构和功能后，哈维发现心脏左右两边各分为 2 个腔，上下腔之间有一个瓣膜相隔，它只允许上腔的血液流到下腔，而不允许倒流。哈维接着研究静脉与动脉的区别，他发现动脉壁较厚，有收缩和扩张功能；而静脉壁较薄，里面的瓣膜使血液只能单向流向心脏。结合心脏结构，这意味着生物体内的血液是单向流动的。

为了证实这一点，哈维做了一个活体结扎实验。当他用绷带扎紧人手臂上的静脉时，心脏变得又空又小；而当扎紧手臂上的动脉时，心脏明显胀大。这表明静脉里的血确实是心脏血液的来源，而动脉则是心脏向外供血的通道。体内血液的单向流动实验，证明了盖仑学说的静脉系统双向潮汐运动的观点是错误的。

哈维的另一个定量实验更否定了盖仑的理论。他进行心脏解剖时，以每分钟心脏搏动 72 次计算，每小时由左心室注入主动脉的血液流量相当于普通人体重的 4 倍。这么大量的血不可能马上由摄入体内的食物供给，肝脏在这么短的时间内也不可能造出这么多血液来。唯一的解释就是体内血液是循环流动的。

1628 年，哈维发表了《动物心血运动的解剖研究》，在书中系统地总结了他所发现的血液循环运动的规律及其实验依据，他认为静脉血液流到右心室，然后进入肺里，在肺里变成鲜红的血液后流回左心室，从左心室进入动脉血管流遍全身，再流到静脉后回到右心室，完成一个循环过程。

> **哈 维**
>
> 哈维出生于英国的一个富裕农民的家里。他 19 岁毕业于英国的剑桥大学，之后到意大利留学，5 年后他成为医学博士。在意大利学医时，他还常常去听伽利略讲授的力学和天文，深受这位教授的影响，使他的求知欲跨越了学科的界限。伽利略注重实验的做法，对哈维影响极大，这为他日后研究医学，发现人的血液循环奠定了基础。

哈维用实验证明血液循环：

血液循环的主要功能是完成体内的物质运输。血液循环一旦停止，机体各器官组织将因失去正常的物质转运而发生新陈代谢的障碍。同时体内一些重要器官的结构和功能将受到损害。临床上的体外循环方法就是在进行心脏外科手术时，保持病人周身血液不停地流动。

微生物

Microorganism 另一个生命"小王国"

微生物在地球上存在了30多亿年，人类自诞生起就一直在和微生物发生着千丝万缕的联系，只是人类自己并不知道一直在和微生物生死共处。荷兰生物学家列文虎克首先向我们展示了这个神奇的"小人国"的奥秘。

列文虎克

列文虎克经常把他磨制的镜片对着光来进行检测。

个偶然的机会，列文虎克得到一个兼做德尔福特市政府看门员的差事，这是一个很清闲的工作，空闲时间很多。但是列文虎克是个闲不住的人，他小时候曾跟人学过磨制镜片，对此也很着迷。所以，在空闲时间里，他就磨制镜片，寒来暑往，从不间断。

有一次，列文虎克透过两片透镜看东西，发现能把很小的东西放大许多倍。这一下子引起了他的兴趣，从此，他花在磨制镜片上的时间更多了。渐渐地，列文虎克磨制的镜片放大倍数越来越高。为了用起来方便，他用两个金属片夹住透镜，再在透镜前面安上一根带尖的金属棒，把要观察的东西放在尖上观察，并且用一个螺旋钮调节焦距，这样就制成了一架简单的显微镜。

连续好多年，列文虎克先后制作了400多架显微镜，最高的放大倍数达到200～300倍。这些显微镜扩大了他观察细小东西的视野，列文虎克用它们观察过雨水、血液、酒、黄油、头发、精液、肌肉和牙垢等许多物质。他惊异地发现这些物质里头有许多奇形怪状的"小人国"居民，这就是后来所说的微生物。

为了让更多的人了解他的发现，

🌊 海洋微生物是以海洋水体为正常栖居环境的一切微生物,它是一个特别有前途的生物源。由于海洋微生物富变异性,故能参与降解各种海洋污染物或毒物,有助于海水的自净化和保持海洋生态系统的稳定。

1673 年,列文虎克将自己从显微镜观察到的微生物世界记录下来,用信件的形式陆续寄给了当时的英国皇家学会。在写给英国皇家学会的 200 多封附有图画的信里面,他详细地描述了自己亲眼所观察到的球形、杆状和螺旋形的细菌、原生动物。这些观察结果表明他看到并记录了一类从前没有人看到过的微小生命。列文虎克寄给英国皇家学会的观察结果,得到英国皇家学会的充分肯定,他因此成为第一个发现微生物的科学家。

🌊 显微镜的发明使我们有机会更近的观察"小人国"的居民们——微生物。

然而,初始阶段,人们对微生物的认识还仅仅停留在对它们的形态描述上,并不知道这些微小生命的生理活动对人类健康与生产实践有什么重要关系。直到 2 个世纪以后,人们在用效率更高的显微镜重新观察列文虎克描述的形形色色的"小动物"时,他们才真正认识到发现微生物的重要性。

这种"不可见"的微生物,最终使法国科学家巴斯德提出了疾病的微生物理论,这一理论又使医生攻克了多种疾病:伤寒、小儿麻痹症及白喉等。之后,人类对传染病、心脏病、癌症等死亡主要原因的认识发生了变化。

微生物的发现,在很多学术领域中引起了极大的轰动,对农业、医药工业、酿造工业、食品工业、化学工业、石油工业等方面的研究,都有着重要意义和作用。

🌸 成功的秘诀

列文虎克公布了自己的发现后,成了一个名人。一天,有位记者来采访他说:"列文虎克先生,你成功的秘诀是什么?"列文虎克想了片刻,他一句话不说,却伸出了因长期磨制透镜而满是老茧和裂纹的双手。这是一种最诚挚而又巧妙的回答。

天花疫苗

Vaccine of Smallpox
医学史上的伟大发现

数千年来，被称为"死神帮凶"的天花给人类带来了巨大的灾难，它曾经在世界各地传染。18世纪，由于天花的传播蔓延，仅欧洲就病死了1.5亿多人。直到1796年，英国的乡村医生琴纳发明了牛痘免疫法，天花这一恶魔才真正寿终正寝。

天花是继瘟疫之后世界上传播最广、最为可怕的疾病。我国古代把天花称为"痘"，早在1000多年前，我们的祖先就掌握了对付天花的土办法——人痘接种。这种方法是用天花病人身上的干痂研成的、含有天花病毒的粉末吹入人体，使之染上轻度天花，这样，人体就对天花产生了免疫力，一般都不会再得这种疾病。然而，种痘的方法并不安全，轻的会留下大块疤痕，重的会导致死亡。

18世纪，英国有一位责任心很强的乡间医生——琴纳，他发誓一定要寻找一种更安全有效的办法根治可怕的天花。

一次，他在养牛场发现了一个奇怪的现象：挤奶姑娘竟没有一个死于天花或变成麻脸。聪明的琴纳一下联想到中国的种痘法：种过痘的人就不会再得天花。由此推论，挤奶姑娘也许是得了牛天花，而对天花有了免疫力。

这个发现和大胆的推测使琴纳非常兴奋。为了弄清原因，他每天就在牛棚内观察，他发现，挤奶姑娘确实会染上牛天花。就是得了牛天花，只是出现手指间长水疱、低烧、局部淋巴腺肿大等症状，过不了多久就会痊愈。

在长期的观察之后，琴纳初步断定：人得了牛天花之后，就不会染上天花。从1788年到1796年的8年间，

免疫学之父、天花疫苗接种的先驱——琴纳

18世纪20年代，中国的人痘接种技术开始在英国推行开来。到60年代以后，接种人痘在英国以及整个欧洲变得日益普遍。独立战争时期，鉴于军队反复流行天花，华盛顿政府于1777年2月发布命令，要求所有部队实施人痘接种。这是琴纳发明牛痘接种术前20年的事。

琴纳连续进行观察和实验，对人得牛天花后的症状等做了深入研究，并最终得出结论：种牛痘可以预防天花。

1796年5月21日，琴纳第一次在人身上种牛痘。接种的是自己8岁的儿子约翰·菲普斯。琴纳找到了一个刚感染了牛天花的女孩，从她身上取了一些痘疮的疤浆种在菲普斯的左臂上。前3天，菲普斯感到身体有些不舒服，可后来很快就恢复了正常，只是种牛痘的地方留下一个淡淡的疤痕。

此后，菲普斯没有出现任何病症，说明种牛痘的方法是有效的，也是完全可行的。1797年，琴纳在成功接种牛痘1000多例的基础上，将自己的成果写成论文送到皇家学会。可当时的医学界权威对此抱怀疑态度，甚至连著名哲学家康德也提出不同看法，他担心种牛痘的人会出现牛的粗野特性。然而，科学是不可战胜的。此后，种牛痘法在世界各地传开，天花恶魔终于被人类征服了。

琴纳是18世纪的英国乡村医生。图为琴纳在给妇女儿童接种天花疫苗。

丞相救儿子

宋朝真宗年间，天花在各地流行，丞相王旦很担心小儿子也遭不幸。他听说峨眉山上有一位道士，能用"仙方"预防天花（其实就是种痘），连忙派人将道士请到京城。道士看过后，从葫芦中取出一小包药末，将药末放在小竹管上，然后将竹管对准小孩的鼻孔，并轻轻将药末吹入鼻孔。道士说："过10天小孩会有点发烧，再过2天身上会出现一些红色的斑点，但烧退之后，身体也就康复了，以后不会再得天花了。"后来，丞相的小儿子果然没有再得天花。

生物电

Bioelectronic 医学史上的伟大创举

今天，生物电已在科学上广为应用。我们最熟悉的是，医生常通过测心电图来判别心脏病，用脑电图来准确地诊断脑疾病。此外，生物电的发现也为人类揭开神经传导的奥秘作出了积极的贡献。

生理学家研究神经肌肉标本的动作电位已有了100多年的历史，而对生物电的研究可追溯到更早的时期。约公元前300年，亚里士多德观察到电鳐在捕食时先对水中动物施加震击，使之麻痹。

1678年，荷兰生物学家斯威莫尔登用蛙的肌肉做实验。他把肌肉放在玻璃管内，用一根银丝和一个铜棒去触及肌肉，发现可以引起肌肉的收缩活动。

不过，这个现象并没有引起人们的注意。直到18世纪，电学的基本规律被发现后，人们才逐步认识到动物放电的性质。

1758年的一天，英国大科学家卡文迪许偶然间在书中看到2000多年前风行一时的用大黑鱼治病的方法。书上说，大黑鱼触到病人的腿时，病人会有发麻的感觉。对这一奇怪的现象，卡文迪许产生了浓厚的兴趣，他心里很快闪过一个念头：难道这大黑鱼身上带有电？

卡文迪许立即设法弄到了这种大黑鱼，把它埋在潮湿的沙滩里。然后，他在这条鱼上面接上一个莱顿瓶，果然，莱顿瓶冒出了火花！就这样，卡文迪许第一个用科学的方法证明了生物电的存在。

无巧不成书。1771年，意大利科学家伽伐尼重复了斯威莫尔登的实验。他用蛙的坐骨神经——腓肠肌标本——来研

伽伐尼在进行实验。

究神经肌肉放电现象。他把蛙放在桌子上，在蛙的附近放了一台静电发生器和一个莱顿瓶。当他的助手用解剖镊子碰一下蛙的坐骨神经后，奇迹发生了，蛙的肢体产生了一次迅速的收缩，一瞬间那台机器的导线上也出现了火花。

由此，伽伐尼推断：青蛙的肌肉和神经上一定蕴藏有电能，这种收缩是由于从肌肉内部流出来并沿着神经到达肌肉表面的电流刺激引起的，他把这种电称之为"动物电"。伽伐尼第一次将电现象与生命活动联系起来，他在论文中宣称，动物的组织可以产生动物电，但他认为电火花现象是一个毫不相干的事件。

1791 年，伽伐尼在《论在肌肉运动中的电力》这篇著名的学术论文中叙述了自己的发现和观点。但是，意大利物理学家伏打对此提出异议，他认为使蛙肌肉收缩的实际上是一种"双金属电流"，纯属物理现象。而伽伐尼则坚持认为生物体内有电现象存在，这就是有名的伽伐尼与伏打的争论。

这一争论的结果导致伏打发明了世界上第一个直流电池，即伏打电池；而伽伐尼改做"无金属接触收缩"实验，证明了肌肉中电现象的存在，但 18 世纪末和 19 世纪初的仪器是无法测量这种电流的。伽伐尼逝世后，他的后继者们用电流计测出肌肉电流，从而出色地证明了生物电的存在，由此，电生理学才迅速地发展起来。

伽伐尼在实验室解剖青蛙，用镊子碰到剥了皮的蛙腿上外露的神经时，蛙腿剧烈地痉挛，同时出现电火花。

伽伐尼（1737～1798），意大利科学家。

伽伐尼的实验装置

麻醉剂
Narcotic 偶然的发现

17世纪之前，需要进行手术的病人靠用烈酒、鸦片或曼德拉草根来减轻疼痛。17世纪后，手术是在病人处于抑制状态下进行的，因此，病人常常因疼痛而大声尖叫。自从麻醉剂偶然被发现后，病人就无须再恐惧手术了。

麻醉剂是中国古代医学成就之一。早在距今2000年之前，中国医学中已经有麻醉药和醒药的实际应用了。

东汉时期，我国著名医学家华佗发明了"麻沸散"作为外科手术时的麻醉剂。他曾经成功地做过腹腔肿瘤切除术，肠、骨部分切除吻合术等。中药麻醉剂"麻沸散"问世，对外科学发展起了极大的推动作用，对后世产生了很大的影响。

华佗发明和使用麻醉剂，比西方医学家使用乙醚、"笑气"等麻醉剂进行手术要早1600年左右。因此说，华佗不仅是中国第一个，也是世界上第一个麻醉剂的研制和使用者。

近代最早发明麻醉剂的人是19世纪初期的英国化学家戴维。1798年，英国物理学家托马斯·贝多斯创建了一所气体研究所，目的是研究各种气体对人体产生的生理作用，希望能由此找到一些具有医疗作用的气体，同时还要搞清楚哪些气体对人体是有害的。

戴维正式到气体研究所上班后，接受的第一项任务就是配制一氧化二氮气体。戴维不负众望，很快就制出这种气体。当时，有人说这种气体对人有害，而有的人又说无害，各持己见，莫衷一是。制得的大量气体，只好装在玻璃瓶中留着备用。

1799年4月的一天，贝多斯来到戴维的实验室了解他的实验情况，谁知不小心将装一氧化二氮的瓶子打翻到了地上，他连忙俯身去拾打碎的玻璃器皿，奇

英国化学家戴维

怪的是，一向沉着、孤僻、严肃得几乎整天板着面孔的贝多斯，突然放声大笑起来，他还连连对戴维说自己被玻璃划破的手指一点都不疼，戴维随之也大笑起来。一阵狂笑之后，两人才逐渐清醒，贝多斯的手指逐渐感到疼痛。看来，一氧化二氮不仅使他俩狂笑，而且使贝多斯麻醉不知手痛。

事隔不久，戴维患了牙病，他便请来牙科医生德恩梯斯·舍派特，医生决定把他的坏牙拔掉。这时，戴维猛然想起前不久发生在实验室的事。于是，他赶忙拿过装有一氧化二氮的瓶子连吸几口，结果，他又哈哈大笑起来，同时也感觉不到牙痛了。

经过进一步研究，戴维证实一氧化二氮不仅能使人狂笑，而且还有一定的麻醉作用。戴维就为这种气体取了个形象的名字——"笑气"，这就是近代最早的麻醉剂。

1880 年，戴维将关于笑气的研究成果写进《化学和哲学研究》一书，书中对一氧化二氮的麻醉作用进行了全面的评价，认为它是有历史记录以来最好的麻醉剂。这一发现一经公布，立即轰动了整个欧洲，外科医生们纷纷用笑气作麻醉药，减轻了病人的痛苦，使本来满是刺耳的喊叫声的手术室，弥漫着一片笑声。

然而，由于会使患者狂笑，而且使用时麻醉师也会受到不同程度的影响，所以"笑气"在麻醉史上仅仅是昙花一现。不过，即使是现在，当患者由于某种原因不能使用其他麻醉剂时，"笑气"仍然可被派上用场。

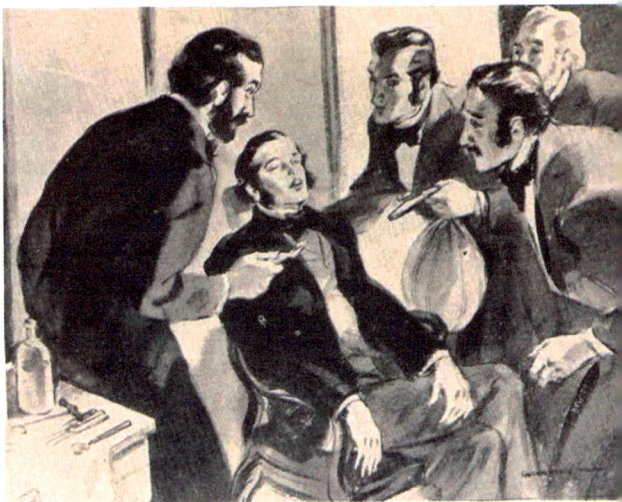

❀ 在没有麻醉剂的时候，拔牙是最痛苦的事情。笑气被发现后，英国牙科医生韦尔斯吸入足够的笑气以后，请助手拔掉了自己的一颗牙，果然没有觉得疼痛。此后，韦尔斯用笑气作为麻醉剂，成功地为不少患者做了手术。

🔥 氯仿的发现

1847 年，英国医生辛普逊和他的 2 个助手，在做实验的间隙时闲聊。不一会儿，他们说话渐渐地有点不利索了，像喝醉了酒似地昏昏沉沉，再过了些时候便一个个不能动弹了。当他们苏醒后，辛普逊仔细寻找原因，结果发现氯仿能使人昏睡。这样，一种新的麻醉剂诞生了。虽然后来人们发现氯仿麻醉剂对人体有害，但它在相当长时间内为减轻病人痛苦作出了贡献。

名人名言 ❯❯❯

感谢上帝没有把我造成一个灵巧的工匠。我的那些最重要的发现都是受到失败的启发而获得的。

——戴维

进化论
Theory of Evolution 人类认识生物界的基石

19世纪，达尔文创立进化论。这一学说被许多学者誉为"人类有史以来最重大的科学发现之一"，直至今天，这一科学理论仍在科学领域，尤其是生物界大放异彩。它不仅是今天人类认识生物界的基石、生物学的理论核心，而且还大大推动了现代生物学的进展。

1831 年 12 月 27 日，一艘英国海军所属的皇家勘探船"贝格尔"号扬帆远航了，其主要任务是测绘南美洲东西两岸和附近岛屿的水文地图，完成环球各地精确的计时测量工作。随行考察的年轻科学家，正是后来成为伟大的进化论奠基人的达尔文。他在这次环球旅行中的主要任务是考察了解各地的地质和动植物资源情况。

身负重任的达尔文异常尽职，每到一处他都认真地收集各种资料，写下科学考察日记。途中遇到的种种困难都未曾使他间断工作。

1835 年 9 月，"贝格尔"号到达加拉帕戈斯群岛。在岛上，达尔文有了很大的收获。他在考察中发现：岛上的动植物种类非常丰富，各种动物的形态、习性也不一样。就是同一种动物，也有差异。这一奇怪的现象引发了达尔文深层次的思考。他渐渐意识到，自然界的事实与神学教义似乎是不可调和的。离开加拉帕戈斯群岛时，生物进化的理论已经在他的心中萌芽。

"贝格尔"号的环球考察历时 5 年，于 1836 年 10 月结束。回国后，达尔文始终被生物为什么会发生变化这个问题困扰着，他决心揭开这个谜。

英国生物学家查尔斯·达尔文

从此，他搜集动物、植物在家养条件和自然条件下发生变化的一切事实，诸如鸽子、金鱼、猫、狗、牛、鸡等动物及牡丹、菊花等各种观赏花和植物。他还印发了大量的调查表，拜访了许多植物育种家和动物饲养家，听取他们培养良种的经验。经过 15 个月的系统调查和研究，他整理出了第一部物种变化的笔记，记录下了他对家养和自然条件下动、植物变异的观察和分析。

1838 年，受英国经济学家马尔萨斯《人口论原理》的启发，他将马尔萨斯关于人类社会存在"生存斗争"的理论推及自然界，得出自然界也存在生存斗争的理论。他认为，生物必须和生存环境作斗争，生物之间也为了争夺生存空间、阳光和食物养料而发生斗争。在生存斗争中，能够适应环境的物种就生存下来，不适应环境的物种就被淘汰。他将自己的理论总结为：生物适者生存，不适者被淘汰，这叫自然选择。

1859 年 11 月，达尔文的生物进化巨著《物种起源》正式出版。这本书理论的精髓正是自然选择，生存斗争，适者生存。达尔文用大量篇幅说明生存斗争和自然选择的理论，并从地质学的角度讲述了化石和物种的地理分布，为自己的理论提供有力的证据。

这部著作的问世有着划时代的意义，推翻了神创论和物种不变的理论，标志着进化论的正式确立。

图为随同"贝格尔"号军舰一同航行的一名画家描绘的船上的生活场景。每天晚上，船员们在船长的带领下学习《圣经》。

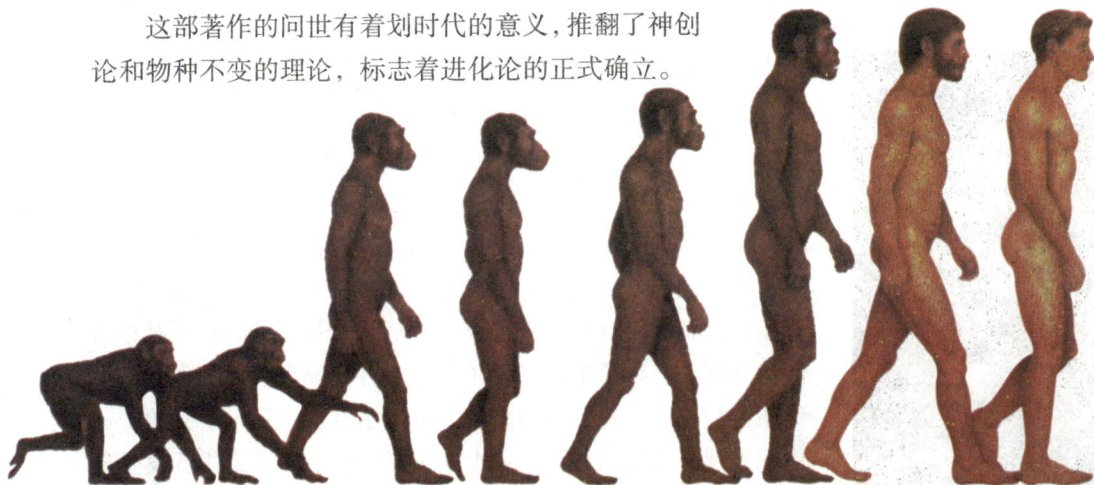

遗传学说

Genetics 揭开遗传的奥秘

遗传学作为一门独立的学科，对它的精确研究，是从孟德尔开始的。孟德尔选择了正确的实验材料——豌豆，并首次将数学统计方法应用到遗传分析中，成功揭示出遗传的两大定律：分离规律和自由组合规律。

遗传学是生命科学领域中一门新兴的学科，主要是研究遗传物质的结构与功能以及遗传信息的传递与表达。1865 年，奥地利科学家孟德尔的遗传定律明确地提出了遗传因子的概念，奠定了遗传学的基础。

欧洲从 18 世纪以来就大量开展了植物杂交的实验。奥地利的孟德尔对植物杂交和遗传现象很感兴趣，他在仔细阅读了大量前辈生物学家著作的基础上，从 1856 年开始从事豌豆杂交实验，他希望借此探索生物的遗传规律。

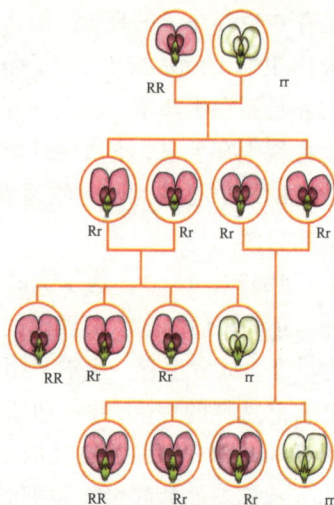

🌺 *孟德尔是遗传学的奠基人，被称为"现代遗传学之父"。*

🌺 *孟德尔做的豌豆实验*

孟德尔用了 34 个豌豆品种，花了 2 年时间检验它们的纯种性，从中挑选出 22 个品种。经过仔细观察，在这 22 个品种中，他又选出 7 对具有明显差异性状的品种。然后，针对这 7 对相对性状，一对对地进行杂交和后代分析工作，这 7 对相对性状分别是：种子形状、种子颜色、种皮颜色、豆荚形状、豆荚颜色、花的位置、茎的高度。孟德尔发现，每对杂交的子一代都表现显性性状，但子一代自花授粉产生的子二代就发生显性性状与隐性性状的分离，而且显性类型数目与隐性类型数目都接近 3∶1。

由此，孟德尔提出颗粒性遗传因子的概念，并推论遗传因子在生物的体细胞中成对存在，体细胞形成生殖细胞时，成对的遗传因子发生分离，分别进入不同的生殖细胞中。这就是我们今天所说的遗传分离规律或孟德尔第一定律。杂交子一代产生的生殖细胞随机两两结合的结果，便导致了子二代性状呈 3∶1 的分离。孟德尔所说的遗传因子具有颗粒性与独立性，不同的遗传因子在细胞中并不相互融合，形成生殖细胞时成对的遗传因子会相互分离。这种颗粒性遗传思想，使人们摒弃了以前长期流传的融合式遗传概念，这是孟德尔在科学思想史上的一项重大贡献。

之后，孟德尔进一步研究 2 对相对性状的遗传。他发现，具有 2 对不同相对性状的亲本豌豆杂交所得的子一代，2 对相对性状都只表现显性性状，但在子一代自交所得的子二代中，出现了 4 种不同类型，其中 2 种是 2 个亲本分别具有的性状组合，另外，还出现了不同于亲本的 2 种重新组合。孟德尔由此推论，在体细胞形成生殖细胞时，不同对的遗传因子可以自由组合。这就是我们今天所说的遗传的自由组合规律或孟德尔第二定律。

1865 年 2 月和 3 月，孟德尔 2 次在布隆自然科学协会上报告了他的实验研究结果，反映实验结果的论文《植物杂交的实验》发表在 1866 年《布隆自然科学协会会刊》第 4 卷上。但是他的理论成果在发表之初并未受到人们的重视。直到 1900 年，距离他发表论文的时间已经过了整整 35 年，孟德尔定律才被人们重新认可和接受。从此，孟德尔被公认为科学遗传学的奠基人。

> **"这些都是我的儿女！"**
>
> 孟德尔在修道院的小菜园里通过人工培植豌豆做实验，运用这样的实验方法需要极大的耐心和严谨的态度。他酷爱自己的研究工作，经常向前来参观的客人指着豌豆十分自豪地说："这些都是我的儿女！"他种了 8 年豌豆，研究了 28000 株植物，获得了大量实验数据，终于发现了生物遗传的基本规律。

❀ 孟德尔的豌豆试验进行了 8 年之久，这是极需要有耐心与严谨工作态度的一项试验。

细菌学说

Bacteriology 微生物学的分支学科

细菌学是微生物学的一个分支学科。它是一门主要研究细菌的形态、生理、生物化学、生态、遗传、进化、分类以及其应用的科学。在 19 世纪，法国科学家巴斯德开创性的贡献，使得细菌学说逐步地发展和完善起来。

巴斯德出生于法国汝拉省的多尔城。1843 年，21 岁的巴斯德考取了巴黎高等师范学校，主修自然科学。后来，由于他不到 30 岁便成了有名的化学家，法国里尔城的酒厂老板便要求他帮助解决葡萄酒和啤酒变酸的问题，他们希望巴斯德能在酒中加些化学药品来防止酒精在发酵过程中变酸。

善于利用显微镜观察是巴斯德与众不同的地方，这使他在化学上能发现前人没有注意的重要发现。所以在解决葡萄酒变酸问题时，他首先也是用显微镜观察，看看正常的葡萄酒和变酸的葡萄酒中究竟有什么不同。

结果他发现，正常的葡萄酒中只能看到一种又圆又大的酵母菌，变酸的酒中则还有另外一种又细又长的细菌。他把这种细菌放到没有变酸的葡萄酒中，葡萄酒就变酸了。

据此，巴斯德认为空气中存在许多种细菌，它们的生命活动能引起有机物的发酵，产生各种有用的产物，并且发酵是酵母中的细菌造成的，并不是原先

🌼 *1880 年巴斯德成功地研制出鸡霍乱疫苗、狂犬病疫苗等多种疫苗，其理论和免疫法引起了医学实践的重大变革。*

许多人认为的那样是由化学反应造成的。

根据自己对发酵作用的研究，巴斯德向酿酒厂的老板们提出建议，只要把酿好的葡萄酒放在接近 50℃的温度下加热并密封，葡萄酒便不会变酸。酿酒厂的老板们开始并不相信，于是，巴斯德就亲自在酒厂里做示范。他把几瓶葡萄酒分成 2 组，一组加热，另一组不加热，放置几个月后。巴斯德当众开瓶品尝，结果加热过的葡萄酒依旧酒味芳醇，而没有加热的却把人的牙都酸软了。

因确认出葡萄酒中的有害微生物，巴斯德一时间在法国名声大振，但他并未就此停下自己探索的脚步。空气中也存在着人和动物的病原菌，能引起各种疾病。1863 年，巴斯德发现，牛奶中含有可引起结核和伤寒的微生物，如果牛奶被加热到一定的温度并持续一定时间，其中的微生物就会全被杀死。这个方法被称为"巴氏消毒法"，在今天这种方法仍然被用于牛奶的消毒和食物罐装前的处理。

在发明了巴氏消毒法之后，经过 10 多年的研究和实验，巴斯德于 1877 年又提出细菌学理论，有利地驳斥了争论了几个世纪的自发病源学说。同一时期，他还研究出鸡霍乱、炭疽、猪丹毒的菌苗，奠定了免疫学的基础。

虽然巴斯德证明了是细菌引起了疾病，但分离出引起炭疽、结核、霍乱等疾病专属细菌的却是德国医生罗伯特·科赫。最后，巴斯德用科赫的研究方法成功地研制出了炭疽疫苗。巴斯德的研究揭开了细菌学的奥秘，在微生物学的发展史上起到了开创性的作用。

Le Petit Journal
SUPPLÉMENT ILLUSTRÉ

A LOUIS PASTEUR

✿ 杂志封面上的路易·巴斯德

🌸 伟大的爱国情操

由于巴斯德在科学上的卓越成就，使他在整个欧洲享有很高的声誉，普鲁士的波恩大学曾郑重地授予巴斯德名誉学位证书。但是，普法战争爆发后，普鲁士强占了法国的领土，出于对自己祖国的深厚感情和对侵略者的极大憎恨，巴斯德毅然把名誉学位证书退还给了波恩大学，他说："科学虽没有国界，但科学家却有自己的祖国。"今天，这句话已成为不朽的爱国名言。

名人名言 ➤➤➤

科学虽没有国界，但科学家却有自己的祖国。

——巴斯德

结核杆菌

Mycobacterium Tuberculosis 征服结核病的基础

肺结核病，我国古称"痨病"，被视为绝症，一旦染上，几乎没有康复的希望，往往令人谈之色变。在人类同各种疾病做斗争中，罗伯特·科赫是最杰出的科学家之一。1882年，德国细菌学家科赫首先发现了结核杆菌，开始了征服恶魔的征程。

在非洲的埃及，很久很久之前有着一种风俗，他们把死去的统治者——法老——的尸体，用贵重的香料和树胶紧紧封闭起来，然后把它放进金字塔里。由于香料的防腐和树胶的隔绝空气作用，尸体会干化成"木乃伊"而保存下来。就在这些古老的木乃伊骨骼上，医学工作者发现了结核病侵袭的痕迹！

这些事实告诉我们：自古以来结核病就是人类的大敌。在这漫长的岁月里，不知有多少人丧生在结核病的手中。

在19世纪末期的医学界，法国著名的微生物学家巴斯德认为，传染病是由某种微生物引起的，但由于无法通过观察证实，因而巴斯德的说法只能是一种猜测。巴斯德的这种猜测引起科赫极大的兴趣。大学毕业后的罗伯特·科赫在一个小镇上行医，他一心想为医学研究事业作出贡献。

1875年，科赫终于发现了炭疽杆菌，从此，他在世界医学领域名声大振。几年后，德国政府任命科赫为德意志帝国参事官和柏林医院的研究员，并在柏林医院设立了研究室，还给他配备了2位助手。

从1881年开始，科赫开始了探究肺结核病因的实验。每当医院进行结核病人尸解时，他必定到场，带走一些结核病的结节。回到研究室，弄碎这些结节，涂在玻璃片上，然后放在高倍显微镜下仔细观察。每次和以前看到的一样，涂片上并没有什么异常的微生物。

罗伯特·科赫

科赫想，这些病菌会不会和周围的物质是同样颜色，以至于我们无法发现？

科赫和他的助手决定用染色法试试看。他们动手准备了各种颜色的化学染料，并且制成许多结核结节涂片，对不同颜色的染料进行分组实验。科赫耐心细致地逐片观察，果然在显微镜中发现了颗粒状的亮点，这些亮点有的单个分散着，有的相互排列着。随后，他和助手找来柏林市内所有能找到的各种结核结节——包括人类的和动物的，然后，再用染色法制成的涂片进行观察。

大量观察的结果都显示，这些颗粒状的亮点都是同一种结核菌。科赫为发现了结核杆菌而欣喜异常。他不断地继续研究，16天后，终于用血清培养基获得了对结核杆菌的纯培养。他把这种纯培养接种到动物身上，动物也感染了结核菌病。至此，科赫终于成功地证实了结核杆菌是结核传染病的病因。

1882年3月24日，科赫在德国柏林生理学会上宣读了他发现结核杆菌的有关论文，并将论文发表在《柏林医学周报》上，引起医学界的轰动。在发现结核杆菌后，科赫通过进一步研究又阐明了结核病的传播途径是空气和接触，这项发现使医院能及时制定对结核病人的新防范规则，减少了病菌的扩散。

结核杆菌的发现，为研究药物和治疗方法提供了科学的依据，为人类征服结核病这个恶魔奠定了坚实的基础。

罗伯特·科赫在他的实验室进行实验。

"瘟疫的克星"

由于在病原细菌学方面的贡献，罗伯特·科赫被人们称为"瘟疫的克星"。他第一个发现了炭疽热的病原细菌——炭疽杆菌，第一个发明了蒸汽杀菌法，第一个分离出结核病细菌，第一个发明了预防炭疽病的接种方法，第一个发现了霍乱弧菌，第一个发现了鼠蚤传播鼠疫的秘密……仅仅以上这些"世界第一"，就足以向世人展示科赫对医学事业所作的伟大贡献，也使他成为世界医学领域中令德国人骄傲无比的泰斗巨匠。

考古研究人员对埃及开罗一具距今约3000年的木乃伊进行了研究，在其左肺发现了肺结核病原体活动过的迹象。此前，科学家发现肺结核最早传染给人类的年代是公元1000年至1300年。

病 毒
Virus 开创病毒学独立发展的历程

病毒是最简单、最小的生命形式。病毒虽小，但对动物、植物以及人等大生物的影响和危害却是巨大的，即使在科技进步的今天，病毒仍然在威胁着人类。艾滋病、传染病肝炎、小儿麻痹症等，都是由各种不同的病毒引起的。

病毒学是一门比较年轻的学科，从病毒的发现到目前仅有百余年的研究历史。然而，地球上的人类、其他动物和植物遭受病毒病的折磨已有许多世纪。

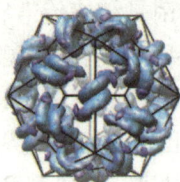

🌺 烟草花叶病毒的计算机模拟外形

在家畜的病毒病中，狂犬病可能是最早有记载的，早在1566年就有了关于疯狗咬人致病的记录，并发现它能够将疾病传染给其他许多动物。当时在世界范围内对狂犬病的病原进行了长期的探索，直到1885年人们还不知道狂犬病是由什么引起的。

第一种有据可查的病毒病大概是由天花病毒引起天花。在17到18世纪间，欧洲曾发生过天花大流行。痘苗最初是用天花痘痂制成的，叫作"时苗"。实际上就是用人工方法感染天花，所以危险性比较大。

1717年，英国驻土耳其大使夫人孟塔古在君士坦丁堡看到当地人为孩子们种痘以预防天花，效果很好，由于她的弟弟死于天花，她自己也曾感染，她就给儿子种了人痘。这方法后来传入英国，得到英国国王的赞同。不久，种人痘法就盛行于英国，更由英国传到欧洲各国和印度。18世纪末，琴纳接种牛痘预防天花试验成功。

在病毒大家庭中，有一种病毒有着特殊的地位，这就是烟

🌺 贝杰林克

草花叶病毒。无论是病毒的发现，还是后来对病毒的深入研究，烟草花叶病毒都是病毒学工作者的主要研究对象，起着与众不同的作用。

100多年以来，烟草花叶病毒在病毒学发展史乃至遗传学、生物化学以及当代基因工程中起到了里程碑的作用。时至今日，它仍然是病毒学工作者的宠儿。

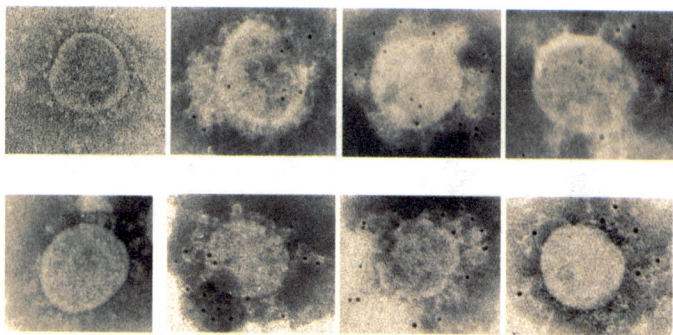

🌺 显微镜下的病毒

1886 年，在荷兰工作的德国人麦尔被烟草的一种病态吸引住了，把患有花叶病的烟草植株的叶片加水研碎，取其汁液注射到健康烟草的叶脉中，能引起花叶病，证明这种病是可以传染的。通过对叶子和土壤的分析，麦尔指出烟草花叶病是由细菌引起的，他将其称为"烟草花叶病毒"。

1892 年，从事烟草病工作的年轻的俄国科学家伊万诺夫斯基重复了麦尔的试验，证实了麦尔所看到的现象，而且致病的病原不是细菌。但是，伊万诺夫斯基将其解释为是由于细菌产生的毒素而引起。

同一时期，荷兰细菌学家贝杰林克同样证实了麦尔的观察结果，并同伊万诺夫斯基一样，发现烟草花叶病病原能够通过细菌过滤器。但贝杰林克想得更深入，他把烟草花叶病株的汁液置于琼脂凝胶块的表面，发现感染烟草花叶病的物质在凝胶中以适度的速度扩散，而细菌仍滞留于琼脂的表面。

🌺 德国人麦尔

分析了这些实验结果后，贝杰林克指出，引起烟草花叶病的致病因子有几个特点：能通过细菌过滤器，仅能在感染的细胞内繁殖，在体外非生命物质中不能生长。

根据这几个特点他提出这种致病因子不是细菌，而是一种新的物质，称为"有感染性的活的流质"，并取名为病毒，拉丁名叫"Virus"。

贝杰林克发现了烟草花叶病毒，从而开创了病毒学独立发展的历程。

黄热病
Yellow Fever 致命性的瘟疫

　　黄热病是一种由黄热病毒引起的急性传染病。1900年,这种严重的传染病曾横扫古巴,使成千上万的人死于非命。最终让黄热病停止肆虐的是美国医生沃尔特·里德,他发现了带菌者,并有效地扑灭了黄热病,把人们从可怕的疾病中解救了出来。

沃尔特·里德

　　当20世纪的钟声刚刚敲响,一种可怕的疾病就疯狂地侵入整个古巴。成千上万的人死于非命,古巴上空笼罩着因黄热病而引起的死亡阴影。当时,美国派出的驻军正在古巴。

　　在瘟疫刚开始时,美军将士颇不以为然,直到一些美国士兵也染上了这种病,一批又一批被夺去生命。美国驻军和古巴方面都采取了种种对策,但收效甚微。濒临绝望的驻军被迫向美国陆军总部告急,请求援助。于是,美国陆军总部立刻成立黄热病委员会,由沃尔特·里德和另外3名医生组成,专程前往古巴研究对策。

　　当时正值亚热带炎热盛夏,里德一行在发病的高峰时期赶到。他们不顾旅途劳顿和酷暑,立刻投入到了紧张的工作当中。他们首先和古巴医生合作,调查了解有关黄热病的症状、发病范围和已经采取过的措施等。在工作的开始阶段,研究工作并没有取得实质性的进展。

　　一天,里德正在焦急地思考接下来的工作如何开展,他突然想起一位古巴医生早先提出黄热病是由蚊子传播引起的。当时,并没有人相信这个理论。在走投无路的情况下,里德力

1900 年左右,很多美国士兵死于黄热病。

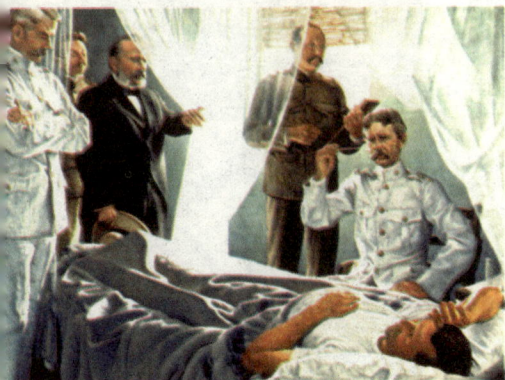

排众议，决心对这一理论进行验证。

于是，里德和助手们开始着手进行试验。他们搜集蚊卵，把蚊卵培植孵化成几百只蚊子，并把它们放进医院去咬黄热病人。随后，研究组的一位成员自愿让感染过的蚊子咬自己。果然，他很快就染上了严重的黄热病，但又慢慢地康复了。又有一位志愿者受试，受试情况仍然如此。正当里德为研究工作有所进展而高兴时，拉齐尔博士意外地被蚊子咬了，他染上黄热病后却没能再康复，结果，献出了自己宝贵的生命。这次意外的不幸让里德非常悲痛，但他更坚信自己研究方向的正确性。

图为治疗黄热病的场景。黄热病的传播速度特别迅速，许多人因此而丧命，人们投入了很大的精力终于发现了黄热病的传播根源。

为了进一步深入研究，他建起2间隔离室。其中一间让志愿受试者接受感染的蚊子叮咬，另一间让志愿受试者一连几天穿着黄热病死者的衣服睡觉，身上还盖着死者用过的毯子。

结果，第一间隔离室里的人都染上了黄热病，而第二间隔离室却没有一个人患病。这证明真正传播黄热病的是蚊子，里德于是立即公布了这一研究成果。

古巴境内掀起了一场前所未有的灭蚊运动。结果一连3个月没有再发现一例黄热病患者，这是200年来古巴城市第一次根除了黄热病。很快，其他地方的卫生人员也铲除了蚊子的孳生地，过去几个世纪以来遭受黄热病危害的其他城市和港口，也得以从这种可怕的疾病中被解救出来。

里德虽然没有发现黄热病的病因，但却发现了它的带菌者，使黄热病在世界范围内得到控制。今天，在华盛顿，有一所大医院就是以他的名字命名的；在位于阿林顿国家公墓的他的坟前，铭刻着这样的碑文："他为人类控制了致命性的瘟疫——黄热病。"

沃尔特·里德用蚊子实验发现了黄热病。

"重要角色"

在美洲和加勒比海岸历史上，黄热病扮演了几次"重要角色"。17~19世纪，黄热病曾在美洲和非洲及少数欧洲国家流行，在开凿巴拿马运河时，几万人都被感染，死亡人数很多。19世纪初，一支由法兰西第一执政官拿破仑·波拿巴派往海地镇压海地革命的40000人的军队，就被一场正流行的黄热病侵袭，包括这支远征军的司令官，波拿巴的妹夫查尔斯·黎克勒。

精神分析学说
Psychoanalysis 现代心理学的奠基石

弗洛伊德的精神分析学说已经创立1个多世纪了。在这1个世纪中，其影响渗透到医学和整个社会科学中，对哲学、心理学、伦理学、美学以及文学和艺术的影响尤为强烈。所以西方学者把弗洛伊德"无意识"的发现，比作哥白尼提出日心说和哥伦布发现新大陆。

弗洛伊德是奥地利一位精神科医生，他的精神分析理论是他从治疗精神病人的实践中总结出来的。1881年，布罗伊尔的一位病人引起了弗洛伊德的浓厚兴趣，他们在后来写的书中称这位病人为安娜。她患有多种癔病的症状，如上下肢瘫痪以及视力、说话和记忆障碍。在催眠状态下，布罗伊尔询问病人每一个症状是在什么时候开始发生的。当她回忆起与每一症状相关的令她烦恼的事件时，这些症状一个个地消失了。

1895年，弗洛伊德和布罗伊尔发表了这种被安娜称为"谈话治疗"的方法。弗洛伊德继续研究出了一种更好的方法，追踪引起情感障碍的神秘的癔病病因。病人从容地坐在椅子上，讲任何他们想要讲的事情。逐渐地病人会讲他们的希望和过去那些使他们烦恼的事情。

弗洛伊德说是那些埋藏在头脑潜意识里的希望或记忆使他们发病，他把这种治疗称为"精神分析法"。1900年，弗洛伊德出版了《梦的释译》一书，标志着精神分析学说的正式创立。

这是迄今为止仍在欧美各国广为流行的一种心理治疗学派和方法。弗洛伊德先提出了无意识理论，即提出人在不知不觉中还存在另外一种心理过程，它和意识一样，主宰着人的正常和异常心理活动。

弗洛伊德把人的心理结构分为三个部分，即意识、潜意识

※ 弗洛伊德

🌼 弗洛伊德认为，梦是对清醒时被压抑到潜意识中的欲望的一种委婉表达，梦是通向潜意识的一条秘密通道。通过对梦的分析可以窥见人的内部心理，探究其潜意识中的欲望和冲突。

和无意识。意识是人对客观现实的自觉反应。潜意识是内容，只要借助于注意，就可以进入到意识之中。但无意识里的内容，要想进入到意识中去，就会受到抗拒，似乎有某种主动力量压制着这种观念。

为了说明这些概念，弗洛伊德曾用一个客厅和他的接待室作比喻：

在接待室里，有无数无意识观念争着要进入客厅，但门口的检查者只允许那些"善良者"进入。一旦走进了客厅，就等于进入了"潜意识"，它们就可以得到"自我"的注意。那些被检查者拒之门外的无意识观念，经过乔装打扮，或者在入睡的条件下进入梦境，或者在心理异常的情况下，以异常的力量强制闯入意识之中。

弗洛伊德终生从事著作和临床治疗。他的思想极为深刻，探讨问题中，往往引述历代文学、历史、医学、哲学、宗教等材料。他思考敏锐、分析精细、推断循回递进、构思步步趋入，揭示出人们心灵的底层，这就是精神分析的内容极其丰富的根源。

🌼 弗洛伊德精神分析疗程时，患者躺在沙发上，他则坐在患者头部后方椅子上(近照片上方的四脚椅)，以不让患者看见自己为原则，进行言谈治疗。

维生素

Vitamin 营养学中的领先作用

维生素别名维他命，是维持人体生命活动必需的一类有机物质，也是保持人体健康的重要活性物质。人体中如果缺少维生素的话，就会患各种疾病。荷兰医生艾克曼最早发现食物中的维生素，在营养学中起到了领先的作用，开辟了研究维生素的新领域。

🌺 艾克曼

🌺 维生素C在柠檬、番茄、苹果等绿色植物及水果中含量很高。

人类发现维生素经历了一个漫长的过程。在第一种维生素被发现之前，许多特定食物的一些特殊预防疾病的作用就早已被人们发现。这当中最早的当数3000多年前古埃及人，他们发现了一些可以治愈夜盲症的食物，虽然他们并不清楚食物中是什么物质起了医疗作用，但这是人类对维生素最蒙胧的认识。

中国唐代医学家孙思邈也曾经指出，用动物肝脏可以防治夜盲症，用谷皮熬粥可以防治脚气病。实际起作用的因素正是维生素。

1893年，年轻的荷兰军医艾克曼来到了印度尼西亚的爪哇岛。当时，岛上的居民正流行严重的脚气病。艾克曼用了很多办法来医治这种病，都没有取得什么理想的效果。很快他自己也被传染，而且连用来做实验的鸡也未能幸免，实验的鸡群里暴发了神经性皮炎，表现与脚气病极为类似。说来奇怪，后来，那些患脚气病的鸡竟然不治而愈了。艾克曼专心地研究，直到1907年才终于查明，脚气病起因于白米。鸡吃白米得了脚气病，如果吃米糠等就安然无恙。他自己也开始改吃粗粮，果然，感染的脚气病很快就好了。于是，艾

克曼推测白米中含有一种毒素，而米糠中则含有一种解毒的物质。但是荷兰的格林却不这样认为，而是从另一个角度推测：白米中缺少一种关键的成分，而这种成分就在米糠里。后来的事实证明，格林的推测是正确的，白米中缺少的正是维生素。

1906 年，英国生物化学家霍普金斯用纯化后的饲料喂食老鼠，饲料中含有蛋白质、脂类、糖类和矿物质微量元素，然而老鼠依然不能存活；而向纯化后的饲料中加入哪怕只有微量的牛奶后，老鼠就可以正常生长了。这一实验证明食物中除了蛋白质、糖类、脂类、微量元素和水等营养物质外还存在一种被他称为辅助因子的特殊物质。

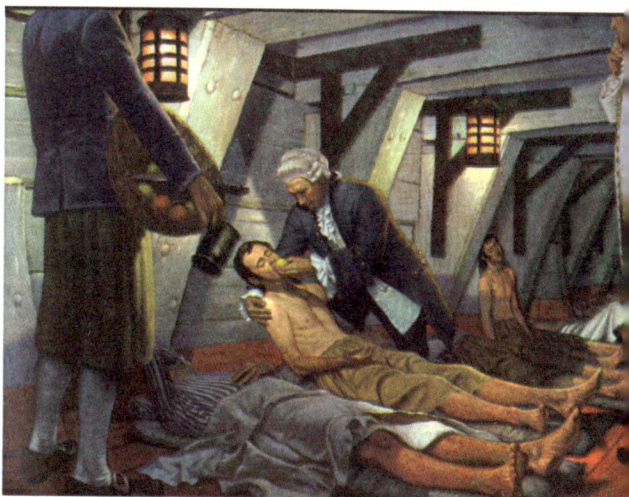

1747 年英国海军军医林德总结了前人的经验，发现柠檬可以预防坏血病。他用 12 名坏血病海员做实验，结果喂食柠檬的几位病人得到了康复。于是他获得了用柑橘治疗坏血病的理论。

1911 年，波兰化学家丰克发现糙米中含有能够防治脚气病的药用物质（维生素 B_1）是一种胺（一类含氮化合物），他将此种物质从米糠中分解出来后，并证明人体内如果缺少了它，就容易疲倦、食欲不振、浑身酸痛和患脚气病。同年，丰克发表了这一研究成果。他还提议将这种化合物叫作 Vitamine，意为 Vital amine，中文意思就是"生命必需的胺"，由此可见它的重要性。这个名词迅速被普遍应用于所有的这种辅助因子。

维生素 B_1 是人类发现的第一种维生素，随着时间的推移，越来越多的维生素种类被人们发现，维生素成了一个大家族。人们把它们排列起来以便于记忆，维生素按 A、B、C 一直排列到 L、P、U 等几十种。

尽管随后人们知道，许多其他的维生素并不含有胺结构，但是由于丰克的叫法已经广泛采用，所以这种叫法并没有废弃，而仅仅将 amine 的最后一个 e 去掉，成为了 Vitamin，音译为"维他命"。

维生素缺乏假说

1912 年，霍普金斯和丰克推出维生素缺乏假说，推测人体系统中如果缺乏特定的足够量的维生素，将会引起特定的疾病。在 20 世纪初，通过提供缺乏特定成分的食物给实验动物食用的方法，科学家们成功地将各种如今大家熟知的维生素分离并且鉴别了出来。霍普金斯也因参与了维生素的发现工作与艾克曼一同分享了 1929 年的诺贝尔生理医学奖。

胰岛素

Insulin 揭开糖尿病的奥秘

糖尿病被称为现代疾病中的"第二杀手"，它对人体的危害仅次于癌症。可是现在，人们对糖尿病就不再像以前那样害怕了，这一切都应该归功于加拿大一位年轻人——班亭，因为他发现了胰岛素，从而拯救了许多糖尿病人的生命。

关于糖尿病的文字记录，最早可能是在公元前 1550 年出土的古埃及人书写在纸莎草上的文献，上面记载着一种多饮多尿的病。这种病的患者不管喝多少水，仍会觉得口干舌燥，而且排尿量也剧增；不论吃多少食物，其体重都不会增加，反而会急剧下降，消瘦乏力，直至死亡。由于这种病人的尿液中有淡淡的甜味，因此，人们把它称为糖尿病。公元前 400 年，中国最早的医书《黄帝内经·素问》中已有"消渴"病记载，并且有对消渴与肥胖关系的陈述。但是对糖尿病的研究取得实质进展，已经到了 19 世纪末。

1889 年，德国医学家胡思·梅林和俄国医学家奥斯加·明科夫斯基为了研究人体胰腺的消化功能，将一只狗的胰腺切除掉。结果那条被切去胰腺的狗竟然患了糖尿病。两人敏锐地意识到，胰腺一定分泌了某种激素，而糖尿病与胰腺之间必定也存在有某种关系。他们将这一发现写成论文，发表在一本医学杂志上，在当时的医学界引起了广泛关注，然而谁也没能分离出文中所说的那种神秘的激素。

30 多年后，加拿大安大略省一个小镇上的医生班亭

班亭(1891～1941)，加拿大安大略省一个不知名的乡村外科医生。1921 年，他成功地提取出了胰岛素，开启了治疗糖尿病的新纪元。

看到这篇论文后，非常感兴趣。他决心亲自提取胰岛的分泌物。但是由于小镇医院条件限制，所以他准备去母校——多伦多大学——开展工作，那里的实验室设备先进、试剂齐全。班亭找到了他的老师麦克里奥德教授。麦克里奥德教授是一位严谨的学者，他对解开这样一个世界医学界的难题毫无把握，因此婉言拒绝了班亭。

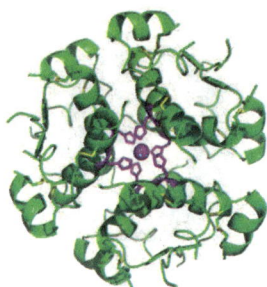

🌸 胰岛素

虽然没有取得老师的支持，但是班亭并没有灰心，他一直没有停止研究工作。第二年假期，班亭又跑到多伦多大学。这一次，麦克里奥德教授勉强答应将实验室和一个学生研究助理贝斯特借他一个暑期。班亭与助手贝斯特一起分析了同行失败的原因后，设计出了一套实验方案。他把胰腺里的胰管结扎，再提取胰岛的分泌物。时间一天天过去了，可实验并没有取得进展。班亭重新审查了实验设计方案和操作方法，发现了失败的原因：胰腺里的胰管结扎不紧，造成胰腺外分泌部仍在分泌酶，从而影响了提取工作。

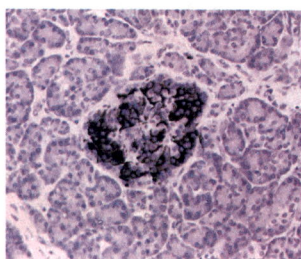

🌸 免疫过氧化物酶作用于胰岛素产生的斑点。

1921 年 7 月 27 日，当班亭把提取液注射到患有糖尿病的狗身上时，奇怪地发现狗的血液中的含糖量迅速降低！他又用牛做了同样的试验，也取得相同的结果。这一结果表明：他提取到了胰岛分泌物！

第二年 1 月，在麦克里奥德教授的帮助下，班亭首次将提取出的胰岛分泌物注射到人的身上，一个年仅 14 岁的糖尿病患者接受了试验。之前他已濒临死亡，但是注射之后，他的健康状态得到了很明显的改善。班亭成功地提取胰岛分泌物的实验得到医学界承认，他把这种分泌物称为胰岛素。

由于班亭成功地提取出了胰岛素，开启了治疗糖尿病的新纪元，解救了无数糖尿病患者的生命。1923 年，诺贝尔奖金委员会决定授予班亭和麦克里奥德生理学和医学奖，以表彰他们对人类战胜疾病所作出的巨大贡献。贝斯特后来也成为一名著名的生理学家。

至今，班亭和他的合作者们发现的胰岛素仍是治疗糖尿病的主要药物。人们为了纪念他，从 1991 年起，世界卫生组织和国际糖尿病联盟决定将他的生日 11 月 14 日确定为"世界糖尿病日"。

🌸 10 只狗的实验

在胰岛素的研究过程中，班亭用 10 只狗进行试验，他把狗的胰腺摘下，捣碎，提取出液体，注射到患糖尿病的狗身上，患病狗的血中含糖量迅速降低了。麦克里奥德教授回校后，听了班亭的实验报告，开始还不相信，班亭又重复试验给教授看，教授这时才改变他的看法，一同和班亭进行了试验，终于发现了医学史上很重要的胰岛素。1923 年，班亭和麦克里奥德教授获得诺贝尔生理学和医学奖，之后，他们将部分奖金分给了贝斯特。

条件反射
Classical Conditioning 生物科学的革命

婴儿生下来就会吮奶、吞咽，手指碰到烫的东西会马上缩回，巴甫洛夫将此称为非条件反射。他建立了条件反射的理论，这些理论是有史以来第一次对人类特有的高级神经活动所作的科学论述，它为研究人类大脑皮层的活动开辟了新的途径。

20世纪初，俄国生理学家巴甫洛夫创立的关于神经系统的"条件反射"学说，把生物生理学最重要的神经系统研究分支推进到了高级神经活动研究的新阶段。

人类对生物神经系统的探索，已有数千年的历史了。在远古的时候，人们就观察到了神经，但对神经的结构和功能没能理解。

巴甫洛夫出生的时候，正赶上生物神经系统研究飞速发展的时期。

19世纪末的一天，实验生理学家巴甫洛夫在研究胃反射的时候，注意到了一个奇怪的现象：没有喂食的时候，狗也会分泌胃液和唾液。比如，在正式喂食前，如果狗看见喂养者或者听见喂养者的声音，就会分泌唾液。他认为，一定有什么原因来解释在没有食物的情况下狗也会分泌唾液这一现象。一个最为明显的解释就是：狗意识到进餐时间快到了，正是这个念头刺激狗分泌唾液。

然而，巴甫洛夫不愿轻易地采用这种主观的猜想，他以生理学家的眼光提出了自己的解释，他认为，这完全是个生理学现象：狗是由于看见或听见刺激——经常喂食的人——而在大脑里面产生一种反射，这种反射引起了生理分泌。但这些跟唾液和胃液并没有直接关系的刺激，是在什么时候以什么方式引起分泌唾液的反应呢？巴甫洛夫并不清楚。从1902年开始，他就对这一现象进行研究，而他的整个后半生也就用来研究这个现象。

🌸 巴甫洛夫在事业上的一丝不苟赢得了人们对他的尊敬。

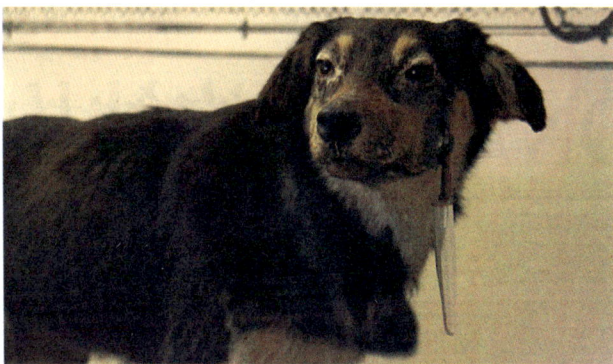

🌼 所有动物都有天生的条件反射机能，但巴甫洛夫发现条件反射可以后天学会。他让狗听见铃声就得到食物，并发现条件反射使狗听见铃声就流唾液，即使没有食物。因为，在狗的大脑中记下了这个条件反射。

🌼 "巴甫洛夫很忙！"

巴甫洛夫在生命垂危时对想看他的客人说："巴甫洛夫很忙……"巴甫洛夫将自己关在屋子里忙什么呢？是忙着写遗嘱、分遗产、交代后事？是忙着向万能的主祈祷？是忙着回顾一生中精彩的瞬间？还是忙着哀求医生不惜一切代价用最好的药？他告诉大家说："巴甫洛夫很忙……巴甫洛夫正在死亡！"原来，在生命的最后一刻，他一直密切注视着越来越糟糕的身体状况，不断地向身边的助手口授生命衰变的感觉，他要为一生挚爱的科学事业留下更多的感性材料。

为了研究是什么东西引起狗的反射性行为，巴甫洛夫设计了这样的实验：在喂食之前先出现中性刺激——铃声，铃声结束以后，过几秒钟再向喂食桶中倒食，观察狗的反应。起初，铃声只会引起一般的反射——狗竖起耳朵来——但不会出现唾液反射。但是，经过几轮实验之后，仅仅出现铃声狗就会分泌唾液。

巴甫洛夫把这种反射行为称为条件反射；把铃声称为分泌唾液这一反射行为的条件刺激；而食物一到狗的嘴里，唾液就开始溢出这种简单的不需要任何培训的纯生理反应称为非条件反射；将引起这种反应的刺激物——食物——称为非条件刺激。

为了验证条件反射的存在，巴甫洛夫和他的助手们变换了各种形式。他们变换了中性刺激，在喂食前使灯光闪动，或者在狗可以看见的地方转动一个物体，或者某个可以碰触到狗的物体，或者拉动狗圈上的某个部位，总之，各种可以被狗感受到的中性刺激都试过了；他们甚至还尝试了改变中性刺激与喂食之间的间隔时间，结果都证明条件反射的确是存在的。

巴甫洛夫的条件反射学说具体地、科学地阐明了动物机体如何同它的外环境建立精确的相互关系，开辟了高级神经活动生理学的研究领域，引起了生物科学的革命，把生物学研究推进到了一个崭新阶段。

🌼 巴甫洛夫的实验室

DNA 双螺旋结构

Double Helix of DNA 分子生物学的崛起

随着生物技术的发展，人们在分子水平上实现了对遗传物质的重新组合，解决了许多与人类的生产和生活密切相关的问题。DNA 双螺旋结构这一生命的密码语言的发现，揭开了人类探索生命奥秘的新纪元，标志着生物科学进入了分子生物学时代。

DNA 分子螺旋树的三维模型

詹姆斯·沃森和英国物理学家弗朗西斯·克里克

在刚刚过去的 20 世纪，遗传学也许是发展最快、变化最快的一门自然科学学科。1900 年孟德尔揭示的生物遗传规律被重新发现，2000 年人类基因组全序列工作草图宣告完成，这 2 件大事充分展现了 100 年来遗传学的重大发展，而连接首尾的关节点，则是 1953 年沃森和克里克共同提出的 DNA 双螺旋结构模型。

1950 年夏天，美国人沃森获得了博士学位。此时的生物学界正在进行一场叫双结构螺旋研究的竞赛。结晶学研究的权威、英国的罗莎琳德·富兰克林已成功推出 DNA 分子有多股链，呈螺旋状。对 DNA 一无所知的沃森，在丹麦皇家学会听完劳伦斯·布拉格关于 DNA 的演讲后，决定研究 DNA 的三维模型结构。

次年秋天，沃森在导师的支持下，以美国公派博士后的身份来到英国剑桥大学卡文迪许实验室工作。在这里，他遇到了比自己年长十几岁的克里克，他们都被 DNA 结构之谜强烈地吸引着，于是，决定共同研究这一课题。

在建立 DNA 结构模型的过程中，沃森和克里克借鉴了美国化学家鲍林发现蛋白质结构的过程。他们注意到鲍林的主要方法是依靠 X 射线衍射的图谱来探讨蛋白质分子中原子间关系

的。受此启发，沃森和克里克像孩子们摆积木一样，开始用自制的硬纸板构建 DNA 结构模型。

他们利用了科学家们已经发现的一些证据，如 DNA 分子是由含有 4 种碱基的脱氧核苷酸长链构成的；维尔金斯和富兰克林通过 X 射线衍射法推算出的 DNA 分子呈螺旋结构的结论等，在此基础上否定了 DNA 是单链和四链结构的可能，首先构建了一个 DNA 链结构模型，他们将模型中的磷酸——核糖骨架安置在螺旋内部。但是，以维尔金斯为首的一批科学家在对此结构进行验证时发现，沃森和克里克对实验数据的理解有误，因而否定了他们建立的第一个 DNA 分子模型。

在失败面前，沃森和克里克没有气馁，他们第二次构建了一个磷酸——核糖骨架在外部的双链螺旋模型。然而，与他们同室的化学家多诺休从化学角度指出了这个模型的错误，于是，第二次实践又宣告失败了。

1952 年春天，奥地利的著名生物化学家查哥夫访问了剑桥大学，沃森和克里克从他那里得到的信息是：腺嘌呤（A）的量总是等于胸腺嘧啶（T）的量，鸟嘌呤（G）的量总是等于胞嘧啶（C）的量。虽然查哥夫在 1950 年就发表了这个结果，但是此时他们才强烈地意识到碱基之间这一数量关系的重要意义。于是，沃森和克里克兴奋起来，经过紧张的工作，他们克服了种种困难，终于在碱基互补配对原则的基础上，使第一个 DNA 双螺旋结构的分子模型诞生了！

沃森和克里克共同发现了 DNA 的双螺旋结构，两人因此分享了 1962 年的诺贝尔奖。他们默契配合做出重大发现的过程，作为科学家合作研究的典范，在科学界被传为佳话。

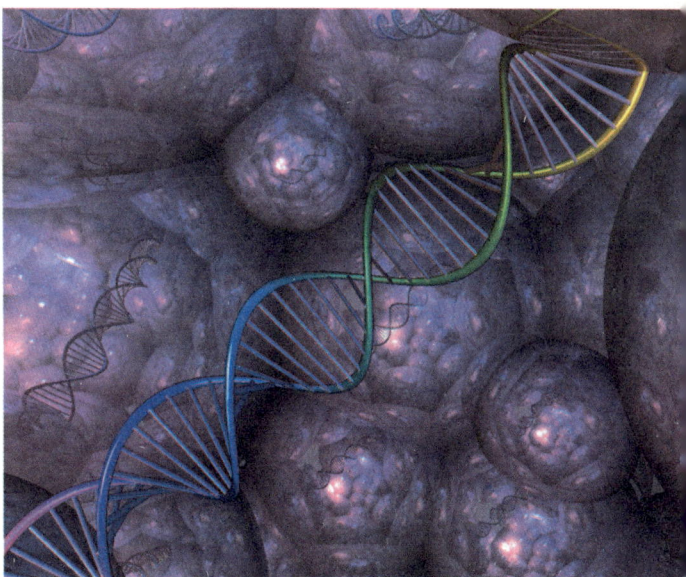

🌾 早在 19 世纪，人们就发现了核苷酸的化学成分。1944 年，奥斯瓦德·西奥多·艾弗里通过肺炎球菌转化实验证明了 DNA 携带有遗传信息，并认为 DNA 可能就是遗传物质。

🔥 女科学家罗莎琳德

在发现 DNA 双螺旋结构过程中，我们不能不提到英国女科学家罗莎琳德·富兰克林。尽管她没有获得诺贝尔奖，但她在这个过程中却作出了杰出的贡献。罗莎琳德用 X 射线衍射 DNA 晶体得到了影像，从而分辨出了这种分子的维度、角度和形状。她发现 DNA 是螺旋结构，至少有 2 股，其化学信息面朝里，这已经非常接近真理。沃森就是基于罗莎琳德的成果，才发现了 DNA 双螺旋结构。

噬菌体

Bacteriophage **分子生物学的研究基础**

> 无论是人、动物、植物还是微生物，都无可避免地会受到病毒的折磨，就连细菌也都存在有自己的病毒，这些吃细菌的生物体，被人们称为噬菌体。噬菌体的发现在分子生物学的舞台上起到了非常重要的作用。

在19世巴斯德、科赫微生物奠基的基础上，20世纪，人们不断发现新的病原微生物，而且研制了许多卓有成效的治疗药物。但20世纪对生物学产生巨大影响的主要是病毒和噬菌体的研究。尤其是噬菌体的发现，成为分子生物学的研究基础。

什么是噬菌体？噬菌体是感染细菌、真菌、放线菌或螺旋体等微生物的病毒的总称。噬菌体的个体微小，其基因组含有许多个基因。目前已知的噬菌体都

英国微生物学家特沃特

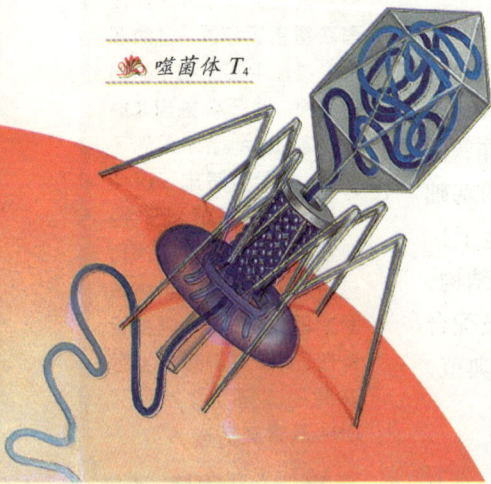

是只能在细菌内部合成，因为它只有利用细菌的核糖体和各种氨基酸及碱基来合成自身所需的蛋白质和复制遗传物质，一旦离开了宿主细菌，噬菌体既不能生长，也不能进行复制。

1915年，英国微生物学家特沃特在固体培养基上培养着一批细菌，在细菌生长的过程中，他一直观察着细菌的生长情形，结果他意外地发现到他的细菌有些异常现象：在细菌的菌落上有些部分慢慢地形成一种透明的胶体物质。

特沃特开始去追究为什么有些细菌会变成透明的胶体，首先他检查那些形成透明胶体

噬菌体 T_4

的部分，发现那里面的细菌看不到了，接着他沾了一小部分的胶体物质放到生长正常的细菌群落上，不久之后，发现与胶体接触到的细菌也形成了一种透明的胶体状物质，经过多次重复实验之后，他认为在那胶体中一定有某一种因子存在。结果，由于第一次世界大战的影响，特沃特的研究未能继续进行。

1917 年，法国医官埃雷尔提出有一种看不见的微生物能与痢疾杆菌发生拮抗作用。他认为这是一种捕食杆菌的微生物，并命名为"噬菌体"。他认为有一种光学显微镜所看不到的微生物存在着，这种微生物可以寄生在细菌体内，最后将整个细菌破坏掉。

经过长期的实验观察，埃雷尔发现那种能够使细菌分解掉的因子是一种微生物，而不是化学物质。但是，他并没有充足的实验证明。因此，这种细菌溶菌现象的本质，从 20 世纪 20 年代到 30 年代始终是一个争论的问题。到 40 年代中期，科学家已测出噬菌体的大小和含有以蛋白质为外壳和以 DNA 为核心的化学本质，这一切都成为噬菌体进入分子生物学的研究领域的基础。

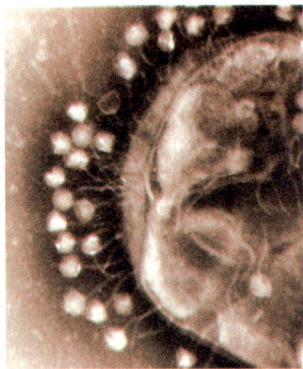

在电子显微镜下观察到附着在细菌细胞上的噬菌体，这些噬菌体的大小和形状都各不相同。

噬菌体侵染细菌。

"噬菌如命"

噬菌体在大自然里分布很广，凡有细菌的地方，都有它们的行踪。噬菌体是所有细菌发酵工厂的大敌，因为它们能把培养液中的有益菌几乎全部吃光，造成巨大的损失。例如当我们利用一些有益的菌类，在生产抗生素、酒精、味精等产品时，如果闯入了吃益菌的噬菌体，这些有益的菌种将被吃尽，就会浪费很多原料和劳力。所以制药厂和酿造厂的工程师想方设法阻止噬菌体进入培养罐。大部分噬菌体长得像小蝌蚪。在自然环境条件下，它们只能侵染细菌和一些原生生物，而不能侵染高等动物和植物。

悠悠考古

庞贝古城

Pompeii 被吞噬的繁华

2000 多年前，意大利的古城庞贝在维苏威火山的爆发中消失了。2000 年过后的今天，我们看到了历史遗留下来的痕迹——庞贝古城遗址，以它瞬间痛苦的毁灭为代价，穿越了 2000 年的时空，向世人诉说着生命的宝贵。

庞贝城位于意大利那不勒斯东南的维苏威火山脚下，始建于公元前 6 世纪，公元前 89 年并入罗马。由于这里濒临海湾，阳光明媚，气候宜人，很快吸引了罗马的权贵和富豪。他们在这里兴建豪华的游乐场所和宅邸，城市规模不断扩大，街市日益繁荣。到了公元 70 年，庞贝城已经成为富人的乐园，人口超过了 2 万，成为闻名遐迩的大都城。

公元 79 年 8 月 24 日这天，人们像往常一样开始了一天的生活。中午时分，维苏威火山不断冒出股股白烟，出现火山爆发的前兆，闷热的天气令人窒息。人们并没有太在意，他们照常生活、工作，但是他们怎么也没有想到厄运就要降临到自己的头上。

灾难即将降临！一块奇怪的云遮挡住了太阳的光芒，天空突然暗淡下来，接着"轰隆"一声巨响，岩浆从火山口汹涌而出，直冲山下，遮天蔽日的黑烟挟带着滚烫的火山灰向人们袭来，刹那间天昏地暗，地动山摇，这样

🔥 被发掘出来的庞贝城，其中保留了大量精美的壁画。

的情况一直持续了8天8夜。

庞贝城方圆数十千米以内的土地、城市、建筑完完全全地被掩埋了，最深处竟达19米。所有的人和动物，都被活活掩埋，速度之快，无一幸免。即使侥幸离开家园而逃离劫难的庞贝人，再回到家乡时，已无法找到原来的建筑。曾被誉为美丽花园的庞贝就这样沉睡在了时空之中，一切的安逸繁荣，就在刹那间消失，庞贝的历史也因此戛然而止。

维苏威火山下的庞贝城遗址

不久以后，新的城镇很快又矗立起来，经过漫长的岁月，人们已忘却了这座完整密封于占地65公顷的火山屑中的罗马古城，只叫它"西维塔"。直到1600多年以后，被遗忘已久的庞贝古城才重新出现在世人面前。

1709年，一群工匠在离那不勒斯不远处打造一口水井时掘出了三尊衣饰华丽的女性雕像，但只将其当作海湾沿岸古代遗址中的文物。30多年后，又有人掘出了被火山灰包裹着的人体遗骸，这才想起了那座被掩埋中的古城。

后来，一群意大利农民挖水渠时发现了金币，接着又掘出刻有"庞贝"字样的石头，人们这才意识到，沉睡了1600多年的古城开始苏醒了，大批考古学家和寻宝者闻风而至。最初的发掘完全是掠夺性的和破坏性的，毁坏了无数珍贵的文物。直到1860年以后，发掘工作才逐渐走上正轨。经过长达100多年大规模挖掘，这个深埋于地下、曾经有过灿烂辉煌文明的庞贝古城终于重见天日。

今天，人们看到的庞贝早已不是那个如花园一样美丽、繁华的庞贝了，它已成为历史中一页真实的标本，大到露天剧场和神庙建筑，小到街石间的车辙水沟、面包房里的种种器皿……它给予人们的是一部丰富生动并寓意深远的经济史、文化史和艺术史。

劫后余生

老普林尼是一位杰出的科学家，他曾撰写了包括长达37卷的巨著《自然史》等在内的百余卷著作。庞贝城出事那天，老普林尼处于安全地域，他勇敢地率领民众返回救援，从此再没有出来。他的养子小普林尼劫后余生，记录下这恐怖的一刻："我的船已经离开庞贝很久，远远地只看到维苏威山红光一片，挟带着天神的怒吼声。灾难一直持续了两日，直到一切都成为废墟……整个城市都被埋没，埋没得仿佛这个城市从来不曾存在过……我答应过养父要将这段历史记录下来，只是过了25年我才有勇气重新回忆起这段往事。他说过，勇敢的人会有好运。只是他却被湮没在那个消失的城市，从此再也没有起来……"

罗塞塔石碑
The Rosetta Stone 解密古埃及文明的钥匙

罗赛塔石碑是一块同时刻有古埃及象形文字、通俗体文字以及古希腊文三种文本的玄武岩石碑。它的重大发现成为解读所有埃及象形文的关键线索，正因为如此，罗塞塔石碑被称为了解古埃及语言与文化的关键基础。

1799 年 7 月，拿破仑率领法国军队远征埃及时，一名年轻的法国军官布罗沙德在尼罗河口的罗塞塔城附近发现了一块刻满象形文字的黑色大石头。拿破仑知道后，意识到这块石头的重要性，就立刻将这块石刻交给了法国考古学家。1802 年，英王乔治三世从法国人手里得到这块石碑，并送给大英博物馆。这就是考古史上鼎鼎有名的"罗塞塔石碑"。

这是一块桌面大小的黑色玄武岩石碑，长约 115 厘米，宽约 73 厘米，厚约 28 厘米。罗塞塔石碑上使用了 2 种语言（埃及文和希腊文），3 种文字（象形文字、通俗体文字和希腊文）。第一段为古埃及的象形文字，共 11 行；第二段是埃及通俗体文字，共 32 行；第三段竟是人们熟悉的古希腊文。

为什么使用三种不同的文字书写？如何才能读懂罗塞塔石碑？看来只能从希腊文入手。因为古埃及象形文字已经被遗忘了 1500 年了，除了在金字塔、寺庙这些宏伟的地面建筑中得以保全外，人们几乎将古埃及的历史、文化遗忘了。虽然，从古罗马时代一直到文艺复兴时期，欧洲人对埃及文化十分欣赏，但谁也不知

一些专家学者正在对罗塞塔石碑做鉴定，试图破解石碑上的文字秘密。（1874 年绘制）

道那些碑刻上的美丽的象形文字的含义。

罗塞塔石碑的发现，成了人们开启古老神秘的埃及文明宝库的钥匙。但是如何才能读懂罗塞塔石碑？罗塞塔石碑独特的三语对照写法，便意外成为解码的关键。因为三种语言中的古希腊文是近代人类可以阅读的，利用这一关键来比对分析碑上其他两种语言的内容，就可以了解这些失传语言的文字与文法结构。

根据古希腊文，学者们终于破译了罗塞塔石碑的内容。原来，这块石碑制作于公元前 196 年，是由一群生活于公元前埃及托勒密王朝时代的祭司所制作。作为当时的国王、年仅 13 岁的托勒密五世加冕 1 周年时的纪念，其上的内容主要是在叙述托勒密五世自父亲托勒密四世处袭得的王位之正统性，以及托勒密五世所贡献的许多善行，例如减税、在神庙中竖立雕像等对神庙与祭司们大力支持的举动。石板上 3 种铭文的内容竟然是完全相同的。

古代埃及文字与苏美尔人的楔形文字、中国的甲骨文一样，是世界上最古老的文字之一，都产生于原始社会中最简单的图画，所以叫象形文字。到中王国时期，从象形文字中发展出一种更容易书写的草书体，称为"祭司体"。到后期埃及又出现更"草"的字体——通俗体，是当时埃及平民使用的文字。

罗塞塔石碑怎么会有古希腊文字呢？学者们发现，当时的埃及处在希腊的统治下，罗塞塔石碑使用这 3 种文字，是为了使祭司、政府官员和当时的统治者都能读懂。

罗塞塔石碑被运到欧洲，引起了人们研究古埃及文字的兴趣。最终，一个叫商博良的法国学者破解了古埃及象形文字的秘密。1808 年，商博良开始研究罗塞塔石碑。经过反复对比，商博良逐渐从中读出人名，发展到读出个别的词，最后读出整句的话。他确信自己已基本掌握了古代埃及文字的奥秘。

1822 年 9 月 29 日，在法兰西学院，商博良向学术界公布了他研究罗塞塔石碑的成果。商博良被公认为是古埃及语言学的奠基人，而罗塞塔石碑也被誉为"通往古埃及文明的钥匙"。

托勒密五世的故事

托勒密五世是埃及托勒密王朝国王。他是托勒密四世之子。5 岁时，他的父亲去世，两名大臣谋杀了他的母亲，市民们驱逐了这两个阴谋者，然而另一群有野心的大臣成为托勒密五世的摄政。从此，埃及几乎陷入无政府状态，成为各国的侵略对象。叙利亚国王安条克三世在第五次叙利亚战争中把整个巴勒斯坦攫为己有。公元前 192 年，作为和约的一部分，托勒密五世与安条克三世的女儿克利奥帕特拉一世结婚。

高 1.15 米，宽 0.73 米，石碑上用古埃及象形文字、通俗体文字和古希腊文字记载了同样的内容。

恐龙化石

Fossil of Dinosaurs **揭秘史前地球霸主灭绝真相**

> 人类发现恐龙正是从研究恐龙化石开始的。化石是生物演化过程中留下的无字档案，根据这些化石，人们可以去追寻失去的世界。尽管恐龙灭绝了，已经被厚厚的地层画上了句号，但它们留在地层中的片片化石，却是科学家们研究的绝好证据。

恐龙是出现在距今约 2.25 亿年的三叠纪的爬行类动物，它们经历过侏罗纪，于距今约 6500 万年的白垩纪灭绝，前前后后有着 1.6 亿年的历史，但人类直到相当晚的时候才知道有过恐龙的存在。

19 世纪以来，研究岩石中的动物、植物化石并解释它们存在的一门特殊科学已经发展起来，这门介于生物学和地质学之间的学科，被称为古生物学。当时，经过与宗教和迷信的长期斗争，人们对于化石的本质有了较正确的认识，但那时候许多古生物学家还是"业余"的，英格兰的曼特尔就是其中的一个。

曼特尔的主要职业是乡村医生，但他和他的妻子玛丽安都爱好收集化石标本，尤其对脊椎动物化石感兴趣。1822 年的一天，玛丽安偶然在路边的碎石堆里发现了几枚形状奇特的牙齿化石，曼特尔看到妻子采集到的化石非常兴奋，可是他认不出那是什么动物的牙齿。

为了探明化石牙齿的来源，曼特尔把牙齿化石寄到巴黎科学院，请求当时研究古脊椎动物的权威居维叶帮忙鉴定。居维叶也从未见过这类化石，他只凭以往的经验再加上自己的猜测，初步断定牙齿化石可能属于一种灭绝了的古老犀牛，而且居维叶认为这些化石的地质年代不会太遥远。

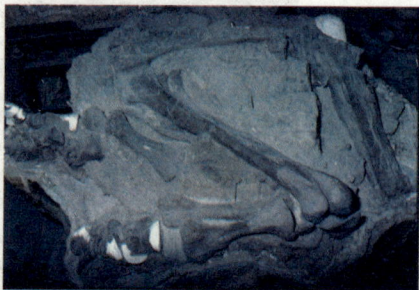

曼特尔不相信居维叶的鉴定意见，他再次将那些化石标本转送给牛津大学的巴克兰教授，请求鉴定。结果，巴克兰也同意居维叶的鉴定。两位学者的结论都不能够使曼特尔信服，他决心自己钻研出一个令自己信服

白垩纪的恐龙化石

的答案来。

打定主意，曼特尔收集了更多的化石，他带着化石标本来到伦敦大英博物馆，借阅资料并利用馆藏的动物标本进行对比，结果未能找到与他发现的牙齿化石类似的标本。在博物馆，曼特尔结识了一位颇富实践经验的青年博物学家斯特契贝雷。他当时正在研究一种生活在中美洲的现代巨型蜥蜴——鬣蜥。曼特尔将自己带来的牙齿化石与博物学家收集的鬣蜥的牙齿相对比，他惊奇地发现两者在形态上十分相似，只是前者比后者大得多。

普通的大鬣蜥只有 1.2 米长，按牙齿的比例类推，曼特尔发现的"大蜥蜴"体长可达 12 米。曼特尔喜出望外，经过思索，他首先肯定，这些牙齿的化石不是哺乳动物的，而是属于爬行动物的，并且是一种现在已经灭绝了的巨大的食草爬行动物。曼特尔将这种动物命名为"Iguanodon"（古鬣蜥），翻译成汉语就是"禽龙"。

1825 年，曼特尔在英国皇家学会会刊发表的一篇简报中，报道了关于禽龙化石的发现，这篇文章可以说是第一篇正式发表的关于恐龙的论文。

在曼特尔之后，恐龙化石又陆续被发现。20 多年后，英国古生物学家欧文为了说明在中生代地层中发现的陆栖的大型爬行动物，首先创造了"Dinosaur"（恐龙）这一名称。

自从恐龙名称问世，已经使用了 150 多年。初期发现的恐龙化石个体比较巨大，看上去有点"恐怖"，因此叫恐龙。其实，现在知道，恐龙也有小的，有的甚至只有小狗或公鸡那么大，显然无须"恐怖"。即便是大个的恐龙，也不是个个都"凶暴"，它们中的大多数是吃植物、性情温顺的恐龙。

科学家与古生物学者一直以化石残骸来了解已绝种的恐龙。他们将化石骨骼一块块地拼凑起来构成恐龙的骨架，我们才有机会在展览馆里看到这种生活在 2.5 亿年前，曾统治地球长达 1.6 亿年的庞然大物。

硕大的牙齿

1822 年 3 月的一天，天气很冷，可是曼特尔先生还是照常出门去给病人看病。曼特尔夫人害怕丈夫着凉，就带上一件衣服出门去接。在一条正修建的公路旁边，她忽然看见了一些亮晶晶的东西。走上前去仔细观看，原来是一些样子奇特的动物牙齿化石。曼特尔夫人从来没有见到过这么硕大的牙齿，她竟然忘记了去给丈夫送衣服，就小心翼翼地把这些化石从岩层中取出来带回了家里。由此，恐龙化石才被发现！

始祖鸟化石

Fossil of Archaeopteryx 地球上最古老的"鸟"

鸟类作为人类的朋友，得到了我们的关注。相形之下，鸟类学家关注的是它们的现在和未来，而古生物学家则更关注它们的过去。始祖鸟是目前已知的最早的鸟类，它的发现对于全面了解鸟类从古至今的演变与进化有着十分重大的意义。

1859年，在达尔文《物种起源》发表的时候，古生物学家还没有发现一具能够直接证明生物进化的所谓过渡型化石。达尔文解释说，这是由于化石记录极为不完全。化石的形成是一个非常偶然的事件，过渡型生物体要碰巧被保留下来并被人们发现，更为偶然。但是，仅仅过了2年，第一具过渡型化石——始祖鸟，就在德国出土了。它既有爬行类的特征，又有鸟类的特征，明显是从爬行类到鸟类的过渡型。

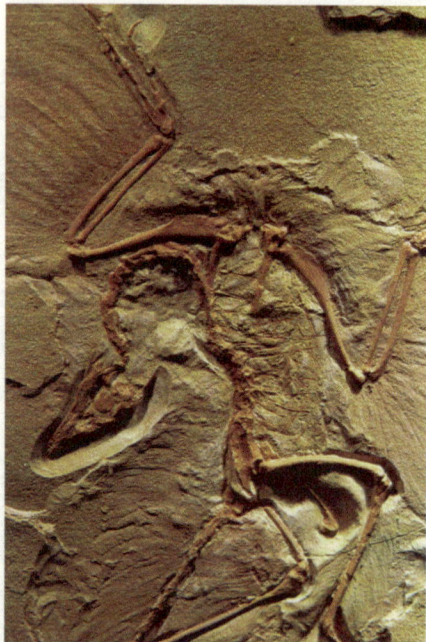

关于鸟类从何而来的问题，人类很早就开始探讨了。1861年，在德国巴伐利亚省的索伦霍芬发现的始祖鸟化石，显示出鸟类与爬行类之间有着密切的关系。

迄今为止，人类已经发现了1个羽毛化石和7具始祖鸟化石标本，这些珍贵的资料全都是在德国巴伐利亚地区的索伦霍芬附近的侏罗纪后期（距今约1.5亿年）石灰岩地层中发现的。在侏罗纪时期，索伦霍芬一带是一片潟湖，潟湖底部的水含氧量极低，非常有助于化石的形成和保存。在19世纪，索伦霍芬成了用于平版印刷的优质石灰石的主要产地，采石工人们在开采、挑选石材的时候，

🐦 德国发现的始祖鸟化石标本。始祖鸟是鸟类的祖先，生活于侏罗纪，被人评为世界上最早的鸟。

❀ 根据始祖鸟的骨骼构造，推测还原的某一种始祖鸟的外貌。

很容易就能发现一些动物的标本。

1861 年 8 月，德国古生物学家冯迈耶宣布在该处地层中发现了一个羽毛化石。人们还来不及对这个消息作出反应，1 个多月后，冯迈耶又宣布在同一个地方发现了一具较为完整（缺少头部）的化石标本，这具化石标本清楚地显示出这种古生物有一对长着羽毛的翅膀，冯迈耶将之命名为 "Archaeopteryx Lithographica"，意思是 "长着古翼的印版石"，中文意译为 "始祖鸟"。

出土这具始祖鸟化石的采石场的主人把这块化石作为治病的报酬给了当地的医生、化石收藏者卡尔·哈伯伦。后来，哈伯伦为了给女儿办嫁妆，向外界表示愿意出售该标本。大英博物馆自然历史部的负责人理查德·欧文是当时公认的古生物学权威，也是达尔文进化论的主要反对者，他把始祖鸟化石视为一大威胁，决心不惜任何代价将它买来控制在自己手中，由他本人来作权威鉴定。1862 年 10 月 1 日始祖鸟化石抵达大英博物馆，以后一直留在那里，被称为 "伦敦标本"。

近年来，科学家们一直没有停止对始祖鸟化石的研究。他们陆续在中国、西班牙、法国各地发现了多种与始祖鸟类似的过渡型化石，特别是在中国辽西，这类化石的种类之多、数量之巨，更是令人叹为观止。它们有的是恐龙与始祖鸟之间的过渡型，有的则是始祖鸟与鸟类之间的过渡型。它们未必就是鸟类的直接祖先，但是同时具有爬行类和鸟类的特征，属于过渡型，却是可以肯定的。这些化石已充分证明了鸟类是从一种恐龙（虚骨龙类）进化来的。

❀ 为什么称作 "始祖鸟"？

目前，世界上只发现 10 例始祖鸟的化石，第 10 例化石表示始祖鸟属于驰龙。考古学家们发现，始祖鸟化石上有清晰的羽毛印痕，而且分为初级和次级飞羽，还有尾羽。它的前肢是飞行的翅膀，后足有 4 个趾，都朝着前面；锁骨愈合成叉骨，耻骨向后伸长。但是，令人奇怪的是，它嘴里长着牙齿，翅膀尖上长着三个指爪；掌骨和跖骨都是分离的，还有一条由许多节分离的尾椎骨构成的长尾巴，这些特点又和蜥形纲极为相似。经研究证明，它是蜥形纲向鸟类过渡的中间阶段的代表，因此，科学家称它们为 "始祖鸟"。

汉谟拉比法典

The Code of Hammurabi **最早最完备的成文法典之一**

《汉谟拉比法典》是现存最早的也是最完备的成文法典之一。它反映了两河流域当时的社会经济情况，是研究古巴比伦社会的重要资料。

汉谟拉比

1901 年12月，法国人和伊朗人组成的一支考古队在伊朗西南部一个名叫苏萨的古城旧址上进行发掘工作。

一天，他们发现了1块黑色玄武石，几天以后又发现了2块，将3块拼合起来，恰好是一个椭圆柱形的石碑。这块石碑高2.25米，底部圆周为1.9米，顶部圆周为1.65米。在石柱上半段，雕刻的是正义之神沙玛什端坐在宝座上，汉谟拉比国王恭敬地站在他面前，沙玛什正在把象征王权的标志——王笏——授予汉谟拉比。石柱的下半段则是用箭头或钉头那样的楔形文字记录的法典的具体内容。这个石碑就是世界上最古老、最完整的一部法典——《汉谟拉比法典》。

公元前1600多年，汉谟拉比率领他的游牧民族占领了美索不达米亚，建立了巴比伦帝国。他的臣民们相互之间常常因观点不同而发生冲突，为了调整民众间的关系，维护统治秩序，他坚信能够"给臣民带来长久福祉"的唯一途径是消灭人治，"以法治国"。于是，汉谟拉比拟订了一套全体人民都必须遵从的法律，这就是人类历史上第一部成文法——《汉谟拉比法典》。《汉谟拉比法典》的制定标志着古西亚法律制度的进步和国家的成熟。该法典分为序言、正文和结语3部分，比较全面地反映了

在颁布法典的同时，汉谟拉比还建立了一个巴比伦宗教，来代替多神崇拜。

当时的社会情况。

在巴比伦社会中，除了奴隶主和奴隶，还有自由民，这部法典的很多条文是用来处理自由民的内部关系的，处理的原则是"以牙还牙，以眼还眼"。

对于奴隶主、自由民、奴隶，法典有着不同的规定。比如奴隶主弄瞎了自由民的眼睛，只要拿出一定量的银子就可以了；如果弄瞎的是奴隶的眼睛，则不需要任何的赔偿。

在当时，奴隶主作为一个特殊的阶层，有着很多的特权。若是奴隶不承认他的主人，只要奴隶主拿出能证明奴隶是属于自己的证明，按照法典中的规定，这个奴隶的耳朵就要被割去。类似这样严厉的规定，法典中还有很多，甚至还有比这更加严厉的：逃避兵役的人一律都要被处死，帮助奴隶逃跑或帮助逃跑奴隶躲藏的人也要被处死，破坏水利设施的人将受到严厉处罚直到处死。

汉谟拉比就是依靠这部法典中详尽、严厉的规定，才建立起了严密的奴隶制统治。但随着两河流域连年的战争，这部法典随着古巴比伦王国的衰落也消失不见了。直到 20 世纪初，当人们发现《汉谟拉比法典》后，就把它运回巴黎进行研究，现存于法国巴黎卢浮宫博物馆内。

《汉谟拉比法典》作为流传至今的楔形文字法中最为完整的一部法典，较为完整地继承了两河流域原有的法律精华，对后来西亚各国的立法产生了重要影响，是研究古巴比伦社会的重要文献。

"以牙还牙"

《汉谟拉比法典》处理自由民内部关系的原则是"以牙还牙，以眼还眼"。比如，两个自由民打架，一个人被打瞎了一只眼睛，对方就要同样被打瞎一只眼睛作为赔偿；被人打断了腿，也要把对方的腿打断；被人打掉牙齿，就要敲掉对方的牙齿。甚至有这样的规定：如果房屋倒塌，压死了房主的儿子，那么，建造这所房屋的人得拿自己的儿子抵命。

在雕刻着《汉谟拉比法典》的石柱顶部，是汉谟拉比与巴比伦的正义之神沙玛什的雕像，汉谟拉比正从沙玛什手中接过王笏。如今，这块石柱藏于法国卢浮宫博物馆。

吐坦卡蒙陵墓

The Mausoleum of Tutankhamun

穿越时空的诅咒

"谁要是干扰法老的安宁,死亡就会降临到他头上!"这是刻在古埃及第十八位法老吐坦卡蒙陵墓上的一句诅咒。当沉睡了几千年的陵墓被开启后,这样的死亡诅咒更为陵墓本身增添了恐怖和神秘的色彩。

古代的埃及人在"国王之谷"埋葬了他们的几位最伟大的国王。到 20 世纪初期,考古学家们几乎已经发现了他们的全部陵墓。发掘出来的绝大多数陵墓令人失望,因为盗墓贼早已偷走了里面所有的珍宝。

然而,1922 年 11 月的一个早晨,英国考古学家霍华德·卡特组织的考古小组发现了一座有待发掘的陵墓——少年夭折的吐坦卡蒙的陵墓。

❀ 吐坦卡蒙面具

❀ 吐坦卡蒙陵墓是国王之谷中最后被发现的一座法老墓,也是唯一一座未遭破坏的墓。

吐坦卡蒙是古埃及第十八位年轻的法老,他统治埃及 9 年,公元前 1350 年,18 岁的他神秘地死去。当卡特一行进入陵墓时,他们看到了一个特别的景象。这座陵墓已被封 3000 多年,从来未被盗墓贼发现过。陵墓内的每件物品都原封未动。其中有一个墓室装满了食品、家具和用于冥府的各种财物。考古小组由此发掘出文物 3600 多件。

吐坦卡蒙的墓位于埋葬法老的"国王之谷"的峭壁脚下。它由 4 个墓室组成,整个墓室就像一个收藏极为丰富的博物馆,墓内的珠宝、工艺品、家具、衣物、化妆品以及

各种兵器多达 5000 余件。

国王吐坦卡蒙单独躺在一个墓室里，棺室由 2 个武士塑像守护。里面有 4 个金色的神龛，1 具水晶石棺和 3 个套棺。内棺由纯金制成，躺在棺内的吐坦卡蒙带着一副很大的黄金面具，他表情静穆，略带哀伤。这副面具和他本人的相貌几乎一模一样。他胸前陈放着年轻王后在盖棺之前给他献上的由念珠和花形雕刻串成的领饰。吐坦卡蒙并不孤单，他坟墓里还有 2 个流产的女婴陪他。墓内还有一幅壁画，展现了这位年轻而又神气的法老正被 2 位天神接往天国。

吐坦卡蒙法老的木乃伊由薄薄的布裹缠着，浑身布满了项圈、护身符、戒指、金银手镯以及各种宝石。其中还有 2 把短剑，一把是纯金的，另一把是金柄铁刃。后一把极为罕见，因为埃及人那时候刚刚知道使用铁。尽管吐坦卡蒙不是古埃及历史上功绩最为卓著的法老，但他却是最能代表古埃及文明的法老，他的黄金面具已经成了埃及古老文明的象征。

如此之多的珍贵文物集中在一个古墓内出土，这是史无前例的。人们整整用了 10 年的工夫，才将这批珍品整理完毕，转入开罗的埃及国家博物馆。

据说，在吐坦卡蒙的陵墓中还发现了几处法老的诅咒铭文："谁要是干扰法老的安宁，死亡就会降临到他头上！"后来，参与发掘的 20 多人竟然先后死去……数十年来，法老的咒语越传越邪乎，令众多考古学家和观光客忧心忡忡。

但事实上，现在科学家已经证明了，"法老的诅咒"是根本不存在的。第一批进入吐坦卡蒙墓地的人员中非正常死亡的只占 5% 而已，而其他所谓的法老的诅咒而引起的事件，有很大一部分是杜撰出来的。

🌺 霍华德·卡特发现了戴着"黄金面具"的吐坦卡蒙木乃伊。

🌺 图为吐坦卡蒙的陵墓内一个挂在胸前的首饰。

🌼 吐坦卡蒙死因之谜

据说，吐坦卡蒙死于谋杀。凶手是他最亲近的侍从——艾。艾的职务为日轮神牧师，可后来信奉老教阿蒙，并谋杀了 19 岁的吐坦卡蒙。后来，他利用王后想要孩子的心理，迫使王后嫁给了他。王后当上了法老王，他就成了王室的亲戚，有了继承权。最后，他又杀掉王后，继承了法老王的地位。不过这只是一个猜测，至今，吐坦卡蒙的死还是个谜。

北京人
Peking Man 世界文化遗产中的奇珍

大约在 70 万年前，在北京房山周口店地区，就有原始人类在那里劳动、生息，这就是举世闻名的北京人。北京人化石的发现，为研究远古类人动物的生活和当时环境的变迁提供了难得的实物证据。

北京人，又称北京猿人，现在在科学上常称之为 "北京直立人"，生活在距今 70 万 ~ 20 万年前。

1918 年，中国北洋政府矿政顾问、瑞典地质和考古学家安特生在北京市西南周口店的山洞里发现一处含动物化石的裂隙堆积。1921 年，安特生和奥地利古生物学家师丹斯基等人在当地群众引领下，在龙骨山北坡又找到一处更大、更丰富的含化石地点，这就是后来闻名于世的北京人遗址。

这处遗址位于北京市西南房山周口店龙骨山。根据我国考古学家贾兰坡的研究，周口店自宋代以来就出现了 "龙骨"，历代不断当药材出售，因此，这个地方被称为龙骨山。"龙骨" 实际就是远古动物的化石。清末以来，西方一些学者已经注意到对周口店 "龙骨" 的研究，民国初年开始了小规模挖掘。

1926 年，师丹斯基又整理出周口店的 2 颗古人类牙齿，引起了国际学界的轰动。1927 年，由美国洛克菲勒基金会资助的、发掘 "人类材料" 的考古工作在龙骨山正式开始。当年又发现了一颗人齿化石，加拿大人步达生以这颗牙齿为证，为新发现的这种原始人类起了个拉丁文学名——"中国猿人北京种"，俗名 "北京人"。步达生携带这颗牙齿周游世界，但结果令人失望，国际学术界普遍认为他无知大胆，用如此少的材料居然得出了重大的结论。

继续进行的发掘工作收获不大，到 1929 年，洛克菲勒基金会的代表已经表露出不再投资的想法，主持发掘的考古学家纷纷离去，只留下从北京大学地质系

北京猿人复原像

🌸 北京人的文化遗物包括石制品、骨角器和用火遗迹。北京人穴居，在北京猿人住过的山洞里有很厚的灰烬层，表明北京猿人已经会使用火和保存火种；在灰烬中发现被敲破的烧骨，表明他们已经知道吃熟食。

毕业不久的年轻助手裴文中继续负责挖掘工作。不久，裴文中也接到立即停止工作的命令，但是他决定再做一次最后的尝试。这是一个有历史意义的决定，这个简单的决定改变了中国史前时代研究的命运。

12 月 2 日，裴文中和一些考古学者来到北京西南 48 千米处的周口店，期望能够发现更多远古人类遗骨的化石。这一天，龙骨山上刚降过小雪，凛冽的寒风丝毫没有影响到考古学者们的热情。一切准备就绪，他们就用绳索把 25 岁的裴文中吊进深深的洞穴里，裴文中在洞内进行着艰苦的搜索，就在他即将离开洞穴的时候，他看到了洞口不远处一个黑黑的、圆圆的东西，这正是他们梦寐以求的目标——距今 50 万年的北京人的头盖骨。

以后陆陆续续挖掘，在周口店龙骨山共发现了 23 处遗址，其中以编号第一、第四、第十三、第十五的地点最重要，接连发现 3 个北京猿人的头骨、十几个下颌骨和一些腿骨、臂骨化石，并找到了大量的石器和用火的痕迹。尤其是第一个地点，发现的古物最有价值，有北京人完整的头盖骨、面骨、下颚骨、牙齿及残破的腿骨、胫骨、臂骨、锁骨、腕骨等共计 100 余件。

北京人骸骨化石个体数目之多，文化遗存之丰富，发掘记录之完整，在世界远古人类发展历史的研究上是绝无仅有的。这不仅是中国远古文化的瑰宝，也是世界文化遗产中的奇珍。

师丹斯基的发现

1921 年，奥地利青年学者师丹斯基来到中国，与安特生合作研究中国的古动物化石。一天，他们来到鸡骨山，准备发掘那里的化石。这时，来了一位热情好客的农民，把他们带到了龙骨山，说是这里有更大更好的龙骨。师丹斯基在龙骨山挖了几个星期，后来又来挖了一次，挖掘出了许多化石，但并没有发现人类的化石，只有 1 颗可疑的牙齿。5 年后，师丹斯基在重新整理化石时，又发现了 1 颗牙齿。一切都清楚了，他竟发掘到了 2 颗人牙。这 2 颗牙齿就是北京人的牙齿化石。

🌸 1966 年北京人头盖骨发现处

甲骨文

Oracle Bone Script **中国最古老的文字**

> 文字是文化的载体,借助于成熟的文字,人类历史上光辉灿烂的文化典籍才得以流传下来。经过几千年的沉睡,直到清代光绪年间,甲骨文才得以确认,它记载了3000多年前中国社会政治、经济、文化等各方面的资料。甲骨文的发现震惊中外,影响极其深远。

文字的出现代表着文明的进程。中国有系统的书写文字——甲骨文,出现在公元前1300年前的殷商首都,今日被称为殷墟的河南安阳小屯村。甲骨文是目前所知中国最早而且有系统的书写文字之一。周武王灭商后,商代的文字仍为周人所继承,历经西周、东周及公元前3世纪秦始皇进一步统一文字,汉字的书写仍不断传承与发展,至今已经历3000多年,然而古老的甲骨文却在历史洪流中逐渐被湮没。

19世纪80年代开始,河南安阳小屯村的农民耕作时,率先发现了一些刻画有独特符号的龟甲兽骨。据说一位叫李成的剃头匠把它当做了赚钱的药材卖给药店的老板,药店老板根据李时珍《本草纲目》中的记载,就相信了李成的话,认定"龙骨"有药用价值而加以收购,"龙骨"因此大量流入民间。

后来,一个名叫王懿荣的山东人,他与"龙骨"第一次偶然相遇就独具慧眼,从中发现了甲骨文,并成为把甲骨文考订为商代文字的第一人。

清朝光绪年间(19世纪末)的一个秋天,王懿荣得了疟疾病,用了许多药都不见轻。京城里一位深谙药性的老中医给他开了一剂药方,药方上一味

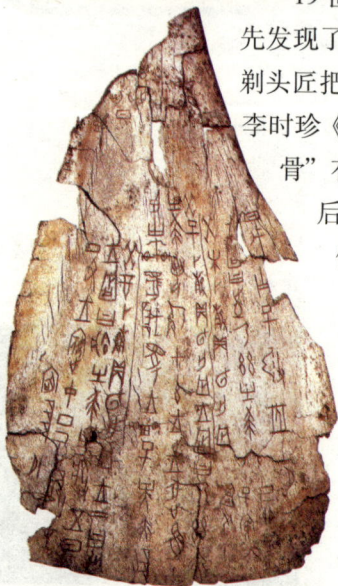

🌸甲骨文是一种古老的文字,因镌刻于龟甲与兽骨上而得名。它是我国历史上一种重要的文化载体。

名叫"龙骨"的中药吸引住了他。由于"龙骨"在药房里就已经捣碎了，所以从留下的药渣里什么也没有看到。

于是王懿荣又让家人从药店里买回了没有捣碎的"龙骨"作研究。那些"龙骨"碎片上镌刻的奇异纹络引起了王懿荣强烈的兴趣，他叮嘱药房老板，如果再有商贩送"龙骨"来，请代为引荐。

不多时日，名扬京华的古董商范维清被引荐到王府，这次他带来了 12 片"龙骨"，这是他到河南安阳、汤阴一带去收购青铜器时顺便收集来的药材。王懿荣见到刻有文字的"龙骨"，分外高兴。他把这些大大小小的龙骨对到一起，竟然拼成了两三块龟板！他仔细端详着每一片甲骨上刻画的一个个道道，它们都是单一成形的"符号"，他据此猜测这是上古之人留下来的文字。王懿荣以每字一两银子的高价买下了这 12 片甲骨。并当场给范维清 600 两银子，让他为自己继续大量收购。

之后，王懿荣翻遍了各种史料典籍，有关"龙骨"的悬念在他脑海中渐渐变得清晰：这个所谓的"龙骨"是先祖们占卜用的龟版，他确信这是一种文字，而且比较完善！此后，他又从骨头片子上找到了商代几位国王的名字，确定这是殷商时期的文字。对照《史记》，他这一推测得到了初步的印证。中国最古老的文字就这样被发现了！

确定"龙骨"为殷商故物后，王懿荣吩咐家人到北京各个大药房，专拣带字的"龙骨"买下，购得数千片。自此，他从骨头片上又认识了更多的字，读出了上古社会的许多秘密。

后来，人们找到了龙骨出土的地方——河南安阳小屯村，那里又出土了一大批龙骨。因为这些龙骨主要是龟类兽类的甲骨，是以人们将其命名为"甲骨文"，研究它的学科就叫作"甲骨学"。甲骨文发现的故事，后来被人们称为是"一片甲骨惊世界"的奇迹，在中国和世界考古史上写下了一页传奇的篇章。

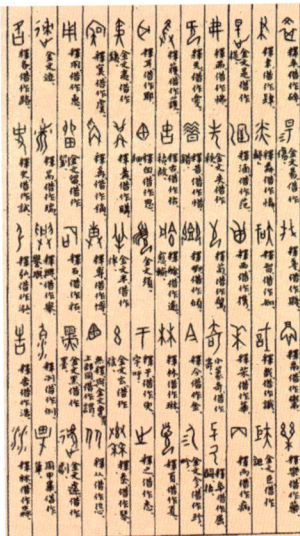
🌸 甲骨文及其含义

🌸 治病的"龙骨"

在甲骨文还未确认以前，据说，在河南省安阳市小屯村有一个叫李成的剃头匠，有一次，他害上一身脓疮，没钱去求医购药，就把这些甲骨碾成粉敷到脓疮上，想不到流出的脓水被骨粉给吸干了，而且发现骨粉还有止血的功效。从此，他就把甲骨收集起来，说成是可以治病的"龙骨"，卖到了中药铺。后来，"龙骨"也就广泛流传。